車載機器におけるパワー半導体の設計と実装

岩室憲幸　科学情報出版株式会社　2019

# 著者简介

**岩室宪幸**

国立大学法人筑波大学数理物质系物理工学专业教授。

1962年出生于东京都板桥区；1984年毕业于早稻田大学理工系电气专业，就职于富士电机株式会社；1988年起从事硅IGBT、二极管以及SiC器件的研发和商业化；1992~1993年任美国北卡罗来纳州立大学功率半导体研究中心客座研究员；1998年获得早稻田大学工学博士学位；2009~2013年在国立产业技术综合研究所尖端电力电子研究中心从事SiC功率器件量产技术开发工作；2013年4月至今任国立大学法人筑波大学数理物质系物理工学专业教授。

研究领域：硅及SiC功率器件设计与分析。

所属学会：电气学会高级会员、应用物理学会会员、IEEE EDS功率器件技术委员会IEEE高级会员。

# 车用功率半导体器件设计与应用

〔日〕岩室宪幸　著

马京任　译

科学出版社

北　京

图字：01-2022-3232号

# 内 容 简 介

　　本书使用大量图表，通俗易懂地讲解功率器件的运行和设计技术，其中，第1章概述功率器件在电路运行中的作用以及功率器件的种类，同时解释为何功率MOSFET和IGBT已成为当前功率器件的主角；第2章和第3章讲述硅功率MOSFET和IGBT，从基本单元结构描述制造过程，然后以浅显易懂的方式解释器件的基本操作，此外，还提到了功率器件所需的各种特性，并加入改进这些特性的最新器件技术的说明；第4章以肖特基势垒二极管和PIN二极管为中心进行讲述；第5章概述SiC功率器件，讲解二极管、MOSFET和封装技术，对于最近取得显著进展的最新的SiC MOSFET器件设计技术也进行了详细介绍。

　　本书适合从事功率器件研究的技术人员阅读，也可作为高等院校电力电子技术等相关专业的教材。

**图书在版编目（CIP）数据**

车用功率半导体器件设计与应用/(日)岩室宪幸著；马京任译.—北京：科学出版社，2023.1

　　ISBN　978-7-03-073632-1

　　Ⅰ.①车…　Ⅱ.①岩…　②马…　Ⅲ.①汽车–功率半导体器件　Ⅳ.①U463.6

中国版本图书馆CIP数据核字（2022）第201241号

责任编辑：杨　凯/责任制作：魏　谨
责任印制：师艳茹/封面设计：张　凌

**北京东方科龙图文有限公司**　制作
http://www.okbook.com.cn

**科 学 出 版 社** 出版
北京东黄城根北街16号
邮政编码：100717
http://www.sciencep.com

**天津市新科印刷有限公司**　印刷
科学出版社发行各地新华书店经销

\*

2023年1月第 一 版　　　开本：787×1092　1/16
2023年1月第一次印刷　　　印张：10
字数：180 000

定价：58.00元
（如有印装质量问题，我社负责调换）

# 前　言

　　"物联网（IoT）"被称为未来十年最重要的技术趋势之一。这是因为，它将我们普通消费者和商业社会相互连接，很可能会影响到整个社会的基础设施。IoT通过互联网将人、场所、家电、计算机、汽车、制造设备等所有物理事物连接起来，并且其所有组成部分都配备了电子控制系统、各种传感器和软件。目前有无数的电气设备接入网络，很明显，今后还会持续增长。我们现在正在寻找方法，通过最新的IoT技术，使大都市的基础设施及其能源系统能够被更智能、更安全、更高效地利用，这就是所谓的智慧城市，电力电子技术和功率器件将在实现这一目标中发挥关键作用。例如，智慧城市将拥有许多具有智能功能的电动汽车（EV）和插电式混合动力汽车（PHEV）。而要实现最高效的动力总成解决方案，就需要为EV和PHEV构建高效的动力管理系统。此外，为了使对于IoT必不可缺的数据中心安全运行，最可靠的无间断电源（UPS）至关重要。高能效的发电、存储、管理和传输，在商业社会与家庭消费者的连接中不可或缺，为了实现这些，先进的电力电子技术和支持它的功率器件技术在今后将变得越来越重要。目前，包括功率器件在内的日本电力电子产业在全球市场上仍具有很强的竞争力。相信基于上述背景，未来这一领域的需求将进一步增加。本书从这一角度出发，通俗易懂地讲述了功率器件的基本结构、操作、制造工艺，以及最新的器件技术，这些对于实现电能的更有效利用是必不可少的。

　　第1章介绍逆变器电路系统，这是一种使用功率器件最多的电力电子电路，概述功率器件在电路运行中的作用以及功率器件的种类，同时解释为何功率MOSFET和IGBT（绝缘栅双极晶体管）已成为当前功率器件的主角。第2章和第3章讲述硅功率MOSFET和IGBT，从基本单元结构描述制造过程，然后以浅显易懂的方式解释器件的基本操作，此外，还提到了功率器件所需的各种特性，并加入改进这些特性的最新器件技术的说明。第4章以肖特基势垒二极管和PIN二极管为中心进行讲述。第5章概述碳化硅（SiC）功率器件，讲解二极管、MOSFET和封装技术，对于最近取得显著进展的最新的SiC-MOSFET器件设计技术也进行了详细介绍。

　　毋庸置疑，将电力电子作为一门学科，系统地学习并充分理解，培养能够在现实社会中活用它的年轻人才，对国家来说是一项极其重要的课题。电力电子领域涉及材料、器件、贴装、电路、系统等广泛领域，在其各个领域从事专门研究的个人和研究小组应该不仅关注自己的研究课题，还要重点关注从材料到最终产品和系统等的方方面面，着眼于整体进行研发。本书以从技术学院、大学、研究生院毕业并在公司从事一线研发的技术人员为对象，使用大量的图表，通俗易懂地讲解功率器件的运行和设计技术，即使非功率器件专业的从事材料、模块、电路、系统研究的技术人员也能够充分理解。希望进行功率器件学习的研究人员及技术人员能够通过本书的学习为未来电力电子技术的发展和电能的有效利用做出贡献。

最后，感谢对本书出版提供帮助的科学情报出版株式会社编辑部的三户部裕司先生等诸位的大力支持。

岩室宪幸

# 目　录

# 第1章
# 车用功率器件

## 1.1 简 介

在我们的社会生活中，能源是必不可少的。现在我们所利用的能源分为热、化学和电三种。其中，电能具有较高的运输性和便利性，因此，形成了电力系统这一广域网，广泛渗透到社会当中。但是，2011年3月发生的东日本大地震，造成了巨大的人员和财产损失，对整个日本的电力系统和供给产生了深刻影响，造成了巨大的社会冲击。随之而来的灾后重建，需要创造新的社会，这意味着不能再进行单纯的重建，而是要充分利用可再生能源，构建一个环境安全、安心的社会。在能源生产领域，为了降低对环境的影响并减少对以石油、煤炭为代表的化石燃料的依赖性，展开了利用太阳能、风能等的相关讨论。另外在能源消费领域，从汽油车到混合动力汽车再到电动汽车，或者热源的热泵化和IH（感应加热）等，过去未使用电能的领域中，对电能的利用越来越多。在此情况下，2017～2018年成为电动汽车开发取得重大进展的一年。作为全球最大汽车市场的中国，考虑到对大气的污染，跳过混合动力汽车，直接转向了发展电动汽车。在法国，提出了2040年之前在法国国内禁售汽油车和柴油汽车的方针。至于挪威，则提出了2025年之前全部改用电动汽车的口号。与此同时，日本、欧洲、美国，以及中国的制造商也都开始大力研发电动汽车。也就是说，今后对电能，即电力的依赖程度将稳步上升，电力将成为未来能源的核心。

电力电子是一种用电子控制电力的技术，具体来说，是一种利用功率器件来控制电力，并将电力转换成更易使用形式的技术。电力电子这一词汇是由W.E.Newell在1973年的第一次PESC（电力电子专家会议）的主题演讲中首次提出的。如图1.1所示，他展示了这一横跨电子、电力及控制等领域的技术的重要性，并将其命名为电力电子。他还表示，半导体开关对于未来的电气设备将是必不可少的，其产品的优劣将取决于电力电子技术。近年来，随着电力控制和转换的复杂化，对节能的要求越来越高，电力电子设备也需要具有更高的效率和更好的功能。可以毫不夸张地说，电力电子的电力控制建立于功率器件的低电阻和高速开关技术基础之上，功率器件的性能影响着电力控制的性能。目前，电力电子和功率器件有望成为促进节能、减少二氧化碳排放、防止全球变暖的重要手段，并有望实现高速增长。电力电子的应用范围极其广泛，从家电、信息通信到一般工业、汽车、铁路、风力和太阳能发电，甚至电力系统等。因此，用于其中的功率器件处理的电压和电流范围也很宽，电压从几十伏到几万伏，电流从毫安（mA）到几千安培。

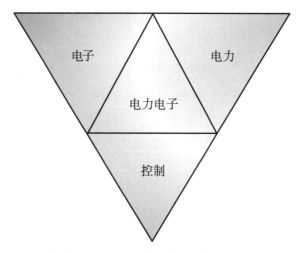

图1.1 W.E.Newell对电力电子的解释

由于难以用一种功率器件来应对这样宽泛的领域,所以各种功率器件根据各自的特性来进行区分使用。图1.2显示了以额定电压为横轴,以额定电流为纵轴时的电力电子的用途和与之相对应的功率器件的示例。

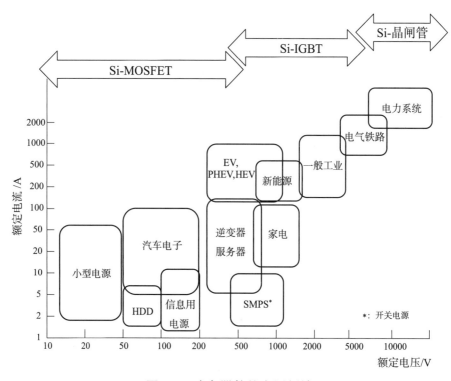

图1.2 功率器件的应用领域

## 1.2 电压型逆变器和电流型逆变器

在这里，简单讲述一下关于搭载功率器件的电力电子电路。利用电力电子技术进行功率变换主要分为交流变直流（整流）、直流变直流（斩波）、直流变交流（逆变），以及交流变交流四种。一般情况下，几乎所有的交流变交流的功率变换是通过串联一个交流变直流的变换电路（整流器）和一个直流变交流的变换电路（逆变器）来进行的。因此，在交流变交流的功率变换器中，整流器和逆变器这两个具有不同功能的功率变换电路通过临时储能元件DC Link进行连接。根据DC Link部分的不同，将直流转换为交流的逆变器电路分为电流型逆变器和电压型逆变器。图1.3和1.4分别显示了电流型逆变器和电压型逆变器的基本配置和电路图。

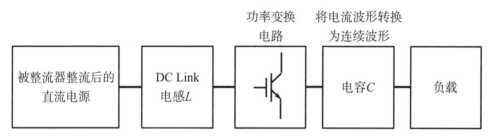

(a)电流型逆变器各部分功能示意图

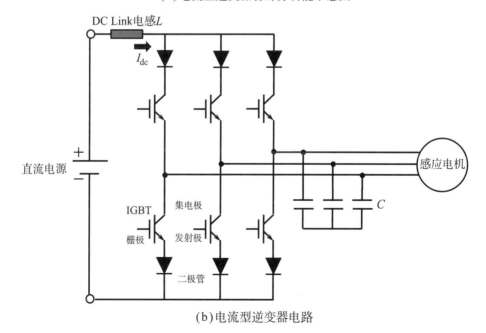

(b)电流型逆变器电路

图1.3 电流型逆变器各部分功能示意图和电路图

在电流型逆变器中，如图1.3所示，连接电感$L$作为临时储能元件。该逆变器中使用的半导体器件需要具有正向和反向阻断功能。实际上，为了具有双向阻断功能，开关元件（图1.3中表示为IGBT）和整流元件（二极管）串联形成电路。由于电感器$L$较大，即使开关元件频繁地导通和关断，直流电流$I_{dc}$也几乎不发生变化。

此外，由于电感$L$是串联连接的，当负载（图1.3中感应电机相当于负载）短路时，不会突然流过大电流，因此无需担心负载短路时的元件损坏。但由于开关元件和二极管串联连接，电流会流过这两个元件，存在损耗增加的缺点。在图1.4所示的电压型逆变器中，连接电容$C$作为临时储能元件。这样，即使开关元件频繁地导通和关断，输入电压$V_{dc}$也非常稳定，几乎不发生变化。另一方面，由于在交流输出端需要使电机等感应负载（电感）工作，因此开关元件需要具有反向导通功能。该开关元件的反向导通功能可以通过与开关元件反并联连接一个

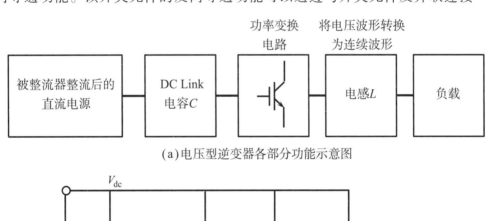

(a)电压型逆变器各部分功能示意图

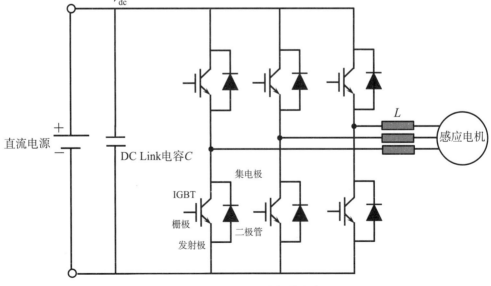

(b)电压型逆变器电路

图1.4　电压型逆变器各部分功能示意图和电路图

二极管（续流二极管）来实现。因此，与电流型逆变器不同，由于二极管不与开关元件串联，因此在逆变器的电流路径中不会产生额外的正向压降，损耗低并且易于实现高效率。然而，电压型逆变器需要保护装置来防止负载短路。现在的电力电子设备中，能够实现高效功率变换的电压型逆变器是主流，因此其搭载的功率器件具有低导通电阻特性和高速开关特性等低损耗特性，同时，重要的是在负载短路时要具有高耐压特性，以使元件在一定时间内不会被损坏。

## 1.3 功率器件的作用

图1.5是电力电子电路中将"直流"转换为"交流"的电压型逆变器电路（以下简称逆变器电路）的示意图。逆变器电路是典型的电力电子电路，在混合动力汽车和电动汽车中，常用于将电池的直流电压和电流转换为交流来转动电机驱动车辆。下面参照图1.5对功率变换原理加以说明。首先，当电路中的开关$S_1$和$S_4$导通，$S_2$和$S_3$关断时，电流在连接到逆变器电路的负载中从上向下流动。下一个瞬间，当开关$S_1$和$S_4$关断，$S_2$和$S_3$导通时，负载中的电流反方向自下而上流动。通过反复重复该操作，如图所示，可以将输入的"直流"电压作为负载中的"交流"电压提取出，这就是逆变器电路的工作原理。也就是说，是通过$S_1 \sim S_4$半导体开关的开/关操作进行功率变换。

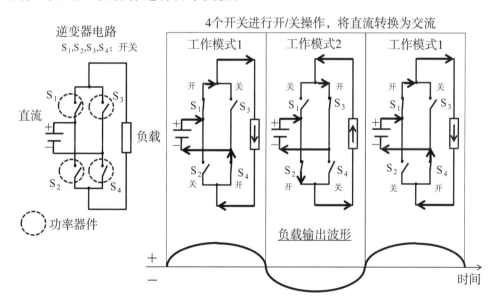

图1.5 使用逆变器电路将直流转换为交流

顺便说一下，与金属触点的机械式继电器相比，以晶体管为代表的功率器件具有如下优势：

（1）使用功率器件更容易控制电信号。

（2）机械式继电器的触点易发生磨损，不能长时间使用。

（3）功率器件每秒可以切换大约1000～10000次电信号。

电力电子设备是通过导通和关断功率器件中的电流来进行电力控制。也就是说，功率器件作为电力电子设备中的"开关"运行。这种电力电子设备的高效率意味着如何在不产生损耗的情况下控制电力。理想的功率器件应该能够在没有任何损耗的情况下控制电力，并且应该具有图1.6所示的特性。具体来说，导通时不产生电压降，关断时完全观测不到流过器件的漏电流。可以说从导通到关断或关断到导通都是在瞬间完成的，在此期间不发生损耗。

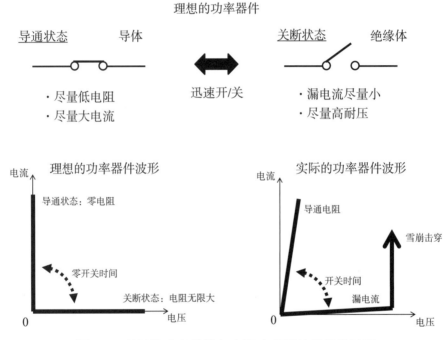

**图1.6　理想的功率器件与实际功率器件的特性波形**

当这样一个理想的功率器件被创造出来时，应该可以实现转换效率为100%的超小型轻量级的高性能电力电子设备。但从实际普及的设备来看，并未达到100%的转换效率，设备内部发热，体积和重量也没有得到充分的减小。为了查出阻碍这些设备小型化的因素，查看目前广泛使用的通用逆变器和功率调节器内部，就会意外发现存在着没有零件的"空间"，并且以散热片和鼓风机为代表的冷却器占据了设备的大部分体积。虽说设备不同，但总体来说整个设备的70%～80%以上都被这个"空间"也就是空气和冷却器所占据。这个"空间"旨在通过空气流动使冷却器降温，也就是说，目前的电力电子设备花费了设备总体积的很大一部分用于冷却。不言而喻，这是用来给功率器件降温。图1.7显示了安装在冷却器（散热片）中的硅IGBT模块的横截面结构。图中一个重要的设计参数就是功率器件表面温度$T_j$（结温）。

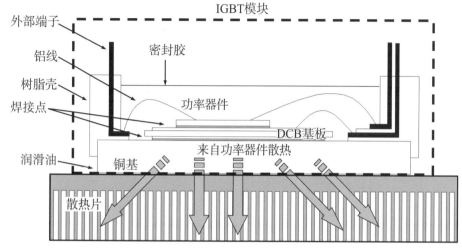

图1.7　IGBT模块装入散热片时的横截面结构及散热状态

对于硅器件，如果这个结温$T_j$超过150～175℃，半导体元件很可能会因过热而被破坏，因此，有必要进行设计使结温$T_j$不超过上述温度。具体来说，需要对散热片的散热能力、DCB（double cupper bonding）板的热阻、硅IGBT的损耗等进行设计，使得结温$T_j$不超过150～175℃。这样，为了使电力电子设备小型化和轻量化，包括"空间"在内的冷却器的小型化就成为绝对条件，因此需要降低作为发热源的功率器件的损耗。此外，如果能够使半导体元件的结温$T_j$达到200℃以上，则能够进一步实现冷却器的小型化。

换句话说，功率器件所要求的性能是作为开关工作时的损耗小，具体而言，有以下几点：

（1）电流导通时的电阻要低。

（2）开关速度要快。

（3）$T_j$即使在高温下也能够工作。

图1.8(a)是应用IGBT的感性负载电路示例，图1.8(b)是连接感性负载时的IGBT开关波形。电流导通时产生的损耗发生在图1.8(b)①期间。设功率器件导通时的导通电阻为$R_{on}$，导通电流为$I_c$，则此时产生的导通损耗$E_{cond}$为

$$E_{cond} = \int_{①} R_{on} \times I_c^2 \, dt \qquad\qquad (1.1)$$

也就是说要想降低导通损耗，需要降低功率器件的导通电阻。另外开关损耗有两种类型：开通损耗（②）和关断损耗（③）。开通是指从没有电流流过的状态转变为有电流流过的状态，关断则相反。开通损耗$E_{on}$和关断损耗$E_{off}$根据图1.8(b)可由下式给出：

$$E_{on} = \int_{②} V_{ce} \times I_c \, dt \tag{1.2}$$

$$E_{off} = \int_{③} V_{ce} \times I_c \, dt \tag{1.3}$$

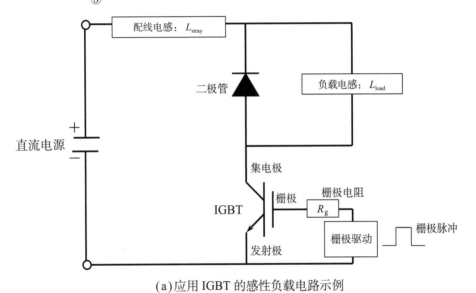

(a) 应用 IGBT 的感性负载电路示例

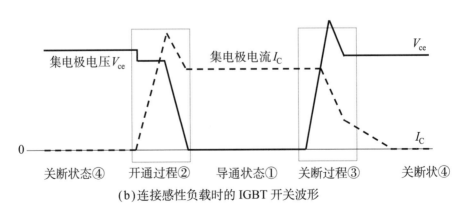

(b) 连接感性负载时的 IGBT 开关波形

图1.8

可以看出，要想降低开通损耗$E_{on}$和关断损耗$E_{off}$，需要缩短同时流过较大电压和电流的开通周期及关断周期。也就是说，提高功率器件的开关速度对于降低损耗很重要。另外，严格地说，在周期④的功率器件关断期间也存在损耗，这就是漏电流损耗，它是功率器件关断时流过的微小"漏电流"与施加电压的乘积。但功率器件关断时的漏电流一般小于$1\mu A$，产生的损耗与上述$E_{cond}$、$E_{on}$、$E_{off}$相比极小，因此，通常不考虑周期④中发生的漏电流损耗。

除了低导通电阻特性和高速开关特性之外，还有功率器件在工作过程中不易损坏（高破坏耐量）这一特性，这三个特性是功率器件必需的重要特性。然而，这三个特性之间存在一种折中关系，同时对其改进就是所谓的"功率器件开发"。

## 1.4 功率器件的类型

1947年，美国AT&T贝尔实验室的肖克利等人发明了世界上第一个半导体器件——点接触型晶体管。当时的半导体材料实际上是锗（Ge）而不是硅（Si）。Ge的带隙$E_g$很小，只有0.66eV，因此难以提高耐压特性，再加上作为半导体工作的最高温度很低，约在70℃以下，因此不适合用于功率器件。而硅的带隙$E_g$高达1.12eV，可以确保足够的元件耐压，即使在150℃的高温下也可以工作，并且硅被认为是地球上含量第二多的元素，因此含量丰富的硅逐渐被广泛用作功率半导体材料。进入20世纪50年代，二极管和晶闸管出现，1957年美国通用电气公司推出商品化的可控硅整流器（SCR），并且在1960年左右，二极管和晶闸管都实现了商品化。然而，二极管和晶闸管有一个弱点，即器件一旦导通，就不能关断，尽管如此，直到20世纪70年代中期，二极管和晶闸管一直占据主流。进入20世纪80年代，如前所述，"电力电子"终于得到了世界的认可。1983年，由日本电气学会主办的IPEC（国际电力电子会议）在东京召开。这是一次展示日本在电力电子技术方面领先世界的国际会议。从这个时期开始，通过栅极信号控制开/关切换的GTO晶闸管和双极型晶体管等的开发盛况空前。20世纪80年代末，双极型晶体管被用于中等功率场合，如工业变频器、电梯，以及使"变频器"这一名称传播于世的家用空调等，而GTO晶闸管则被用于较大功率场合，如电气化铁路和炼钢轧机，以及大型电源等，两者之间明确了分工，双极型晶体管和GTO晶闸管席卷了功率器件的世界。WE.Newell期待已久的"通过栅极信号简单地导通和关断的半导体器件"终于在20世纪80年代后期实现。

## 1.5　MOSFET和IGBT的兴起

图1.9是GTO晶闸管、双极型晶体管、MOSFET和IGBT的截面结构示意图。

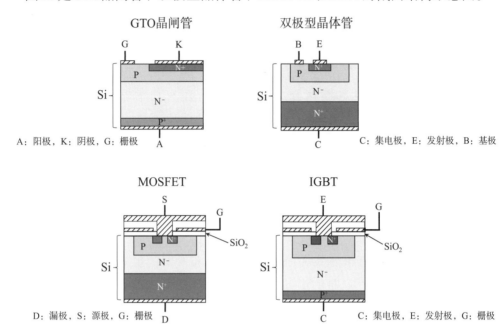

**图1.9　各种功率器件的截面结构图**

首先，作为其共同特征，图中所示是电极配置在器件的上方和下方的垂直型器件。这是因为垂直结构有利于通过更大的电流并承受高电压，这是与以水平型器件结构为主流的IC/LSI的主要区别（见图1.10）。接下来，关注一下功率器件中的控制电极。从作为控制电极的栅极或基极的排列来看，MOSFET和IGBT的栅极形成在作为绝缘膜的氧化硅膜（$SiO_2$）上，而GTO晶闸管和双极性晶体管则是栅极（双极型晶体管中为基极）与P型半导体相接触。

MOSFET和IGBT的开/关操作是通过对栅极G和氧化硅膜，以及硅半导体构成的"电容器"进行少量电荷的充放电来实现的，也就是通过氧化硅膜由栅极G来控制硅功率器件，这样的器件被称为电压驱动型器件。另一方面，GTO晶闸管、双极型晶体管通过在一定时间内不断地向P型硅半导体供给或抽出大量电荷（电流）使功率器件中的PN结导通和关断，从而执行开/关操作，这种器件称为电流驱动型器件。MOSFET和IGBT的开关只需要极小的功率（称为驱动功率）即可，因此与GTO晶闸管和双极型晶体管相比，驱动电路可以极其简化，这为电力电子设备的小型化、高功能化等带来了极大的好处。

电流只在表面流动　　　　　　　　电流通向整个半导体器件

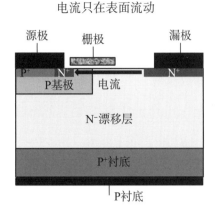
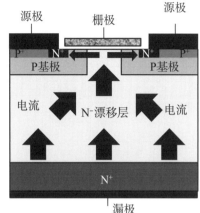

（a）水平型 MOSFET　　　　　　　（b）垂直型 MOSFET

**图1.10** MOSFET的横截面结构和电流流动方式比较

此外，如图1.11所示，MOSFET和IGBT具有一个值得强调的显著特征，即当施加高电压时表现出电流饱和特性（图1.11为MOSFET）。

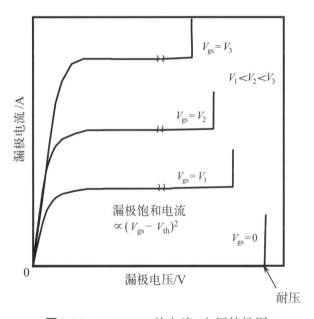

**图1.11** MOSFET的电流-电压特性图

图1.12显示了上述的逆变器电路，但是，这里表示的是逆变器的正常运行与负载短路时的异常运行的比较。例如，正常运行时，功率器件中的电位下降很低（例如1V），并且负载施加了大电压（图例中为598V），几乎所有的输入电压（图例中为600V DC）都有效地施加到负载上（图1.12(a)）。但是，如果发生

事故造成负载短路时，负载就不能承受任何电压，这意味着大部分输入电压（图例中为300V）必须由功率器件单独承受（图1.12(b)）。如果这种半导体器件是不表现出电流饱和特性的器件，如GTO晶闸管等，那么当发生负载短路而对器件施加高电压时，会瞬间流过大电流，立即造成损坏。但是，如果是表现出电流饱和特性的器件，即使对器件施加高电压，也不会流过高于饱和电流值的电流，这样就可以避免瞬时损坏。

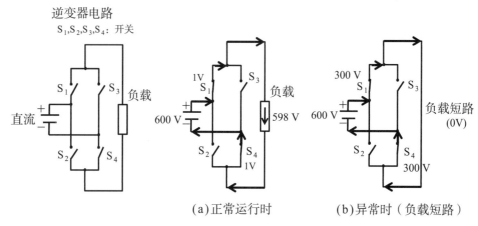

图1.12　逆变器电路正常和异常运行时的负载及功率器件的电压分布

如果能使器件不被瞬间破坏而能够保持在一定时间内防止损坏的话，就可以启动电力电子设备中的保护电路功能，使设备安全停机。也就是说，在众多的功率器件结构中，只有MOSFET和IGBT能够在氧化硅膜上形成栅极而简化驱动电路，并且由于具有电流饱和特性，有着不会瞬间损坏的特点。正因如此，才能够席卷当前的功率器件市场。

观察图1.9所示的MOSFET和IGBT的截面结构，可以看出结构几乎相同。唯一不同的是背面Si层的导电类型对于MOSFET来说是N型，而对于IGBT来说是P型。由于这种差异，MOSFET为单极器件，当电流导通时只有电子在其中流动，而IGBT是电子和空穴都在其中流动的双极器件。因此，如图1.2所示，MOSFET常用于需要具有高速开关特性的低耐压和小电流场合，而IGBT则常用于需要低导通电阻的中高耐压和大电流场合。

## 1.6　近期功率器件技术趋势

要了解功率器件的最新技术趋势，可以查看ISPSD（international symposium on power semiconductor devices and ICs，功率半导体器件和集成电路国际会

议），这是最负盛名的功率器件国际学会之一。如图1.13所示，SiC（碳化硅）和GaN（氮化镓）等新材料功率器件的发表数量最多，硅MOSFET和硅IGBT也在不断地发表。最近对功率器件领域高度关注的原因是，LSI晶圆加工技术引入功率器件而使功率器件的特性显著提升，同时在功率器件独自的设计技术和加工技术方面有很多创新报告。在最近的硅功率器件领域，功率MOSFET的外延层进行多层重叠的超级结结构的发展，以及改善IGBT特性并产品化的场截止（field stop，FS）型备受关注。此外，SiC和GaN作为寄予厚望的新材料，能够超越硅器件的物理特性极限而明显降低损耗，与之相关的发表也源源不断。

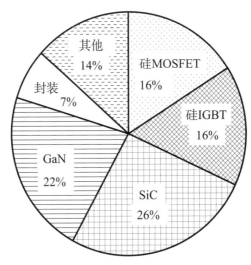

图1.13　ISPSD 2018发表的论文数量细分（作者调查）

未来功率器件的发展方向，在于何时以及如何实现从MOSFET、IGBT等硅器件向以SiC和GaN为代表的化合物半导体全面过渡或者共存。长期以来，人们一直说硅器件随着上述超级结结构和场截止型IGBT的出现正在接近特性极限，但实际上最近似乎特性的改善不但没有停止反而加速发展。利用SiC/GaN最大电场强度比硅高一个数量级的物理特性，给中高耐压领域的低导通电阻带来极大希望，但在长期可靠性等方面仍有需要解决的课题。要取代目前的硅功率器件，有许多技术问题需要克服，因此技术突破值得期待。

## 1.7　车用功率器件

2017～2018年全球汽车销售强劲，全球汽车销量达9500万辆以上。汽车电子器件随之增加，每辆车安装的控制单元（ECU）的数量也在增加，例如用于反向连接保护和吸收浪涌的低耐压硅MOSFET和二极管的需求也大幅扩大。在原有的电动助力转向功能之上，随着怠速启停系统和LED灯的普及，用于其中的功率器件的硅MOSFET的数量也在稳步增加。并且今后有望取得进展的电动汽车和插电式混合动力为代表的xEV是功率器件最有望普及的领域，有望搭载DC/DC转换器、车载充电器、驱动电机逆变器的超级结MOSFET和IGBT、甚至SiC/GaN功率器件等。在这里，xEV表示电动汽车的总称，包括油电混合动力汽车、插电式混合动力汽车和燃料电池汽车。也就是说，汽车电力电子技术与上一节介绍的一般电力电子技术基本相同，可以认为其电路配置和功率器件所需的特性与汽车用途以外的电力电子和功率器件等相同。

如图1.14所示，汽车电子控制系统分为三大部分：收集车外信息用于输入的各种传感器、处理这些信息并进行控制的ECU、作为输出的执行器。功率器件主要用于使ECU及执行器进行工作。汽车电力电子产品的特点之一是它们能够处理的功率范围很广，从几十瓦级别的电动车窗控制器到接近100kW的驱动xEV电机的功率设备，具有极其广泛的电力处理能力。与一般工业设备产品相比较，相当于一辆汽车搭载了从小型家电用途到大型工业设备和电气化铁路用的电子设备。同样是移动交通工具，电气化铁路的场合，逆变器安装在地板下的空间，空调设备则安装在屋顶。然而在汽车中，几乎所有设备都安装在发动机舱内。由于汽车电力电子设备需要安装在有限的空间内，因此其对于设备小型化的需求很高。

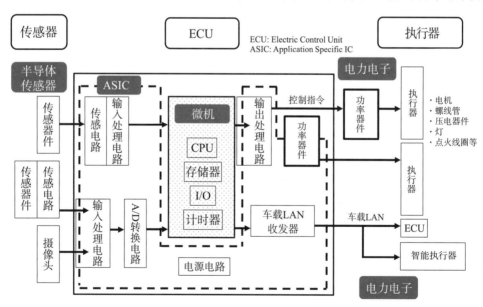

图1.14 汽车电子控制系统基本构成和半导体器件

## 1.8 车用功率器件的种类

图1.15显示了xEV中的电源控制示意图。混合动力汽车和电动汽车，既有处理控制驱动电机的数百伏电压的电路，也有用于控制仪表和灯，以及雨刷器和车门后视镜等与传统汽油车相同的ECU的使用铅酸电池工作的12V电路。

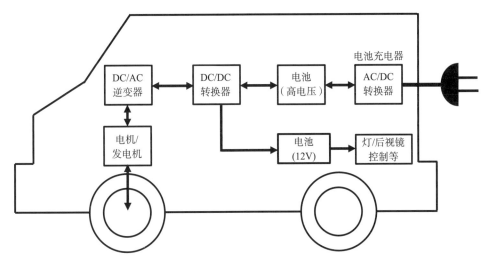

**图1.15　xEV中电源控制示意图**

图1.16显示了图1.2中以车用功率器件为主的部分。首先，安装在汽油车中的功率器件用于以12V电池电压运行的电机驱动器和电源电路，以及DC/DC转换器等。电池电压为12V的电路中使用的功率器件的耐压约为40~100V，因此在硅MOSFET和MOSFET中内置保护电路的IPD（intelligent power devices）是这一领域最常用的器件。IPD的额定电流因用途而异，用于电动车窗和雨刷的MOSFET需要10A左右，用于电动助力转向的电机驱动MOSFET需要100A以上的大电流。IPD的特点是MOSFET内置保护电路，可有效减少安装空间。但另一方面，器件成本趋于昂贵，在需要大的器件面积的大电流应用中没有广泛使用。最近，配备LED灯的车辆种类正在增加，用于控制LED灯的功率器件是与上述应用示例中相同的耐压为40~100V的硅MOSFET。

在xEV中，用于混合动力汽车与电动汽车驱动电机的逆变器，以及用于提升电池电压的DC/DC转换器之中采用的是耐压为600~1200V的硅IGBT模块。这种IGBT模块中不仅安装了作为开关器件的硅IGBT，而且还安装了二极管。此外，在车载充电器中常采用耐压600V级的SJ-MOSFET。

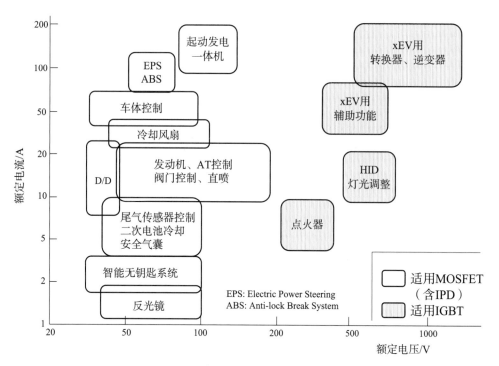

**图1.16**　车用功率器件的应用领域

这种600～1200V的耐压等级也是SiC-SBD、SiC-MOSFET为代表的新材料功率器件擅长的领域，作为下一代xEV的主电动机用逆变器器件，SiC-MOSFET和硅IGBT之间的竞争已经开始。目前车用功率器件是以硅MOSFET和IGBT为中心，在不久的将来，以xEV为核心，SiC所代表的新材料功率器件的应用被寄予厚望。

本书以车用功率器件的主角——硅MOSFET和IGBT为中心，以通俗易懂的方式讲解器件结构、工作和器件设计理念。此外，将详细介绍最先进的硅器件和今后应用范围有望扩大的SiC功率器件。

# 参考文献

［1］石川岳史. 自動車分野におけるパワーエレクトロニクス製品の課題と分析・評価技術. 東レリサーチニュース, 2017, 1-7.
［2］進展するパワー半導体の最新動向と将来展望2018. 矢野経済研究所, 2018.

# 第2章
# 硅MOSFET

## 2.1 简 介

根据某研究公司的调查结果显示，2017年全球功率器件市场规模约为2.7万亿日元，几乎全部被硅功率器件所占据。根据预测，2030年，功率器件市场将增长至约4.7万亿日元，预计硅功率器件将占整个功率器件市场的90%左右[1]。尽管近期的报刊和网络信息上发表了很多关于SiC和GaN功率器件的信息，但实际上功率器件制造商的研发部门仍然在继续稳步提升硅功率器件的特性。

功率MOSFET在20世纪80年代初确立了DMOS（double-diffused MOS）技术，能够高水准地实现短沟道、高耐压和低成本的目标，奠定了后续发展的基础。之后，通过IC工艺微型化技术提高了性能，现在已经适用于可以进一步降低导通电阻的沟槽栅极结构。对于高耐压MOSFET，大部分的导通电阻是由保持耐压的N−漂移层自身的电阻决定的，可以看到其特性改善已经接近极限，但在20世纪90年代引入了超级结（SJ）这一概念[2]，并报道了实际的试验原型结果[3]。而且表明SJ实际上能够超过硅的极限，这一结果产生了极大影响。此外，最近SJ制造技术的进展也令人瞩目，例如取代将外延层多层重叠的多层外延生长法的深沟槽填充法等被开发出来，即在N−外延层上直接形成深沟槽层，然后在这里形成P型外延层。最近，降低SJ-MOSFET的制造成本和提高性能的努力变得越来越活跃，今后，以PN柱层小型化和高浓度化来进一步降低导通电阻[4, 5]为中心，高压MOSFET在一段时期内仍将发挥主导作用，并有望于进一步发展。

自1972年和1982年发布具有专利的原型产品[6, 7]以来，硅IGBT在各种技术创新的基础上不断发展。目前最先进的IGBT结构——沟槽栅场截止型IGBT，融合了超薄晶圆（约100μm以下）和沟槽栅极结构，实现了超低导通电压和超高速开关的低损耗性能，同时还具有高破坏耐量。不过也有人认为，超薄晶圆技术已经踩下了刹车，IGBT的特性改善可能已经接近极限。然而，最近的动向表明，已接近其性能改善极限的IGBT，通过改进表面结构，使导通电压−关断损耗的折中性能得到进一步改进，在175℃能够确保性能的IGBT模块实现了商业化[8]，并且IGBT和续流二极管（freewheeling diodes）集成在一个芯片上的RC-IGBT[9]的开发等相继被公布，其开发速度似乎并没有放缓。

如前一章所述，硅功率MOSFET主要用于40~200V耐压范围的车用功率器件，而SJ-MOSFET和硅IGBT则多用于600~1200V的高耐压领域。本章首先介绍当前车用功率器件市场主角的硅MOSFET。

## 2.2 功率MOSFET

### 2.2.1 基本单元结构

图2.1显示了功率MOSFET的横截面结构。如第1章所述，功率MOSFET必须能够承载大电流和高电压，夹在源极和漏极中间的半导体呈纵向配置，其栅极通过氧化膜绝缘。这一功率MOSFET是通过在高浓度N型杂质的衬底上使用具有N型外延生长层的硅晶圆制成的。衬底的杂质浓度约为$1.0 \times 10^{20} \mathrm{cm}^{-3}$，电阻率约为$2\mathrm{m\Omega \cdot cm}$、厚度为$350\mathrm{\mu m}$以上。在此之上形成的N型外延层的浓度和厚度根据要设计的功率MOSFET的耐压而有很大的不同。例如，在650V级的高耐压功率MOSFET的情况下，浓度约为$1.0 \sim 2.0 \times 10^{14} \mathrm{cm}^{-3}$，厚度约为$50\mathrm{\mu m}$。接下来，通过离子注入和热处理在该N型外延层内形成$N^+$源极层和P基极层。此时，通常使用同一光掩模的开口形成这些层。也就是，在图2.1所示的栅极多晶硅电极的左端或者右端，分别注入N型杂质离子（例如，砷）用作$N^+$源极层，注入P型杂质离子（例如，硼）用作P基极层，利用后续热处理中杂质扩散系数的差异，形成沟道部分。

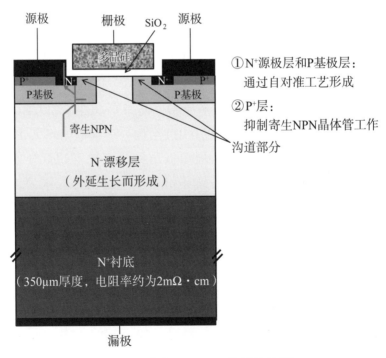

图2.1 功率MOSFET截面结构图

通过该方法，能够稳定地形成决定MOSFET的导通电阻、栅极阈值电压等重要特性的沟道部分。这样，以已经形成的栅极多晶硅层为掩模，在不进行掩模对准的情况下形成N⁺源极层和P基极层从而稳定形成沟道部分的工艺称为自对准工艺。通过将N⁺源极层和P基极层进行双扩散而形成的MOSFET称为双扩散MOSFET（DMOSFET）。

P基极层与N⁺源极层共同连接到源极。此时，如图2.1所示，形成高浓度P⁺层，使N⁺源极层/P基极层/N⁻漂移层形成的寄生NPN晶体管不工作。这样，功率MOSFET在N⁻漂移层/N⁺衬底上形成表面MOS结构，能够通过N⁻漂移层和P基极层形成的PN结来保持大的电压。

## 2.2.2 功率MOSFET制作工艺

图2.2是图2.1所示功率MOSFET器件制造工艺示例的概要。工艺步骤如下所示：

（1）在N⁺衬底上生成一层N⁻外延层，并在N⁻外延层上形成一层介质膜。

（2）形成栅极氧化膜，厚度通常为50～100nm，采用热氧化法成膜。

（3）使用CVD法形成掺有杂质的多晶硅膜作为栅极，厚度约为500～800nm，然后进行热处理。

（4）用干法刻蚀法刻蚀栅极多晶硅层和栅极氧化膜。

（5）注入B离子以形成器件有源区的P基极区和器件终端区的P⁺保护环，然后在1000～1100℃下退火，使杂质扩散并进行活化处理。

（6）以同样的方式注入B离子，形成P⁺接触层，对杂质进行扩散和活化处理。

（7）注入P离子或As离子以形成N⁺源极层，对杂质进行扩散和活化处理。

（8）形成层间绝缘膜，磷硅酸盐玻璃（PSG）/硼磷硅酸盐玻璃（BPSG）膜的厚度通常为800nm～1μm。

（9）用干法刻蚀法对上述层间绝缘膜进行刻蚀，形成源极的接触孔。

（10）在器件表面形成厚膜铝电极，再在其上面形成保护膜（如聚酰亚胺等）。

（11）在晶圆底部形成Ti/Ni/Au（或Ag）层。

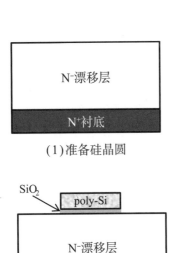

(1)准备硅晶圆

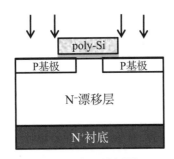

(2)栅极氧化形成栅极

(3)形成 P 基极层

离子注入、1000 ~ 1100℃退火

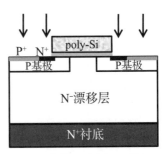

(4)形成 N⁺ 层和 P⁺ 层

离子注入、1000 ~ 1100℃退火

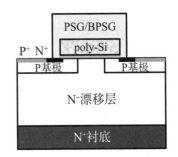

(5)形成层间绝缘膜

(6)形成电极

**图2.2** 功率MOSFET器件制造工艺示意图

### 2.2.3 MOS结构的简单基础理论

图2.3是功率MOSFET表面栅极结构部分的放大图。

功率MOSFET的特点在于图2.3所示MOS结构部分的工作，关于其工作将使用图2.4所示的MOS结构及其能带图进行说明。为简便起见，在该图中，栅极（多晶硅层）和P基极层（硅）之间的功函数差设定为零。所谓MOS结构就是指

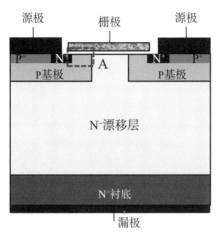

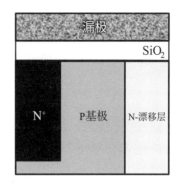

(a)功率 MOSFET 的横截面  (b)MOS 部分 "A" 的放大图

图2.3

作为电极的金属（Metal）–氧化膜–半导体进行堆叠的结构。另外在该图中，栅极电压$V_g$为0V。具有良好界面特性的二氧化硅膜（SiO$_2$）用作氧化膜。这里所说的金属是指栅极，在实际的功率MOSFET中，一般采用掺杂N型杂质的低阻多晶硅层。

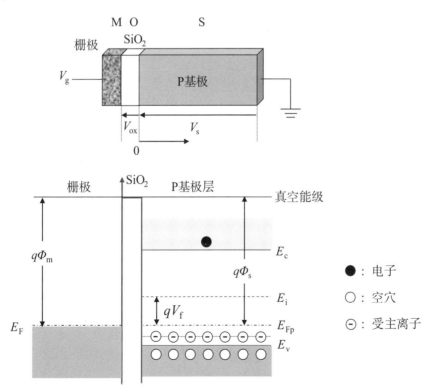

图2.4  $V_g = 0$V时的MOS结构和能带图（$q\phi_m = q\phi_s$）

根据施加在栅极上的电压$V_g$的大小和极性，MOS结构会发生各种变化。$qV_f$是禁带的中心能级（$E_i$）和P型半导体的费米能级（$E_{FP}$）之差，由半导体的杂质浓度决定。P型半导体，如果受主杂质浓度为$N_a$，则

$$V_f = \frac{kT}{q} \ln \frac{N_A}{n_i} \tag{2.1}$$

这里，$q$代表基本电荷（$q = 1.6 \times 10^{-19}$C）；$k$代表玻尔兹曼常量（$k = 1.38 \times 10^{23}$J/K）；$T$代表温度；$n_i$代表本征载流子浓度。

### 1. 对P型半导体的栅极施加正电压时

图2.5分别显示了在栅极上施加相对较小的正电压时MOS结构的电场和能带图。当在栅极上施加正电压时，P层中的空穴在电场的作用下远离半导体表面，在表面留下带负电荷的受主离子，形成耗尽层。假设每单位面积的金属表面电荷为$Q_M$，耗尽层的电荷为$Q_s$，则

$$|Q_M| = |Q_S| \tag{2.2}$$

另外，如果半导体表面的能带下降$V_s$，耗尽层向半导体侧扩散$x_d$，则式（2.2）可以表示如下：

$$Q_M = -qN_A x_d \tag{2.3}$$

这里，可以通过泊松方程$dV/dx = -\rho/\varepsilon_{si}$来计算$V_s$。将电荷密度$\rho$代入式（2.3），并用边界条件$x = 0$时$V(0) = V_s$，$x = x_d$时$V(x_d) = 0$，以及$dV/dx = 0$来求解，可以得到

$$V(x) = V_s \left(1 - \frac{x}{x_d}\right)^2 \tag{2.4}$$

$$V_s = \frac{qN_A x_d^2}{2\varepsilon_{Si}} \tag{2.5}$$

其中，$\varepsilon_{si}$代表硅的介电常数。

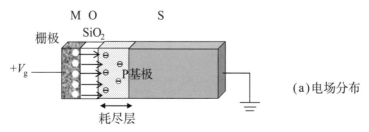

图2.5　形成耗尽层时的MOS结构和能带图（$V_g > 0$V）

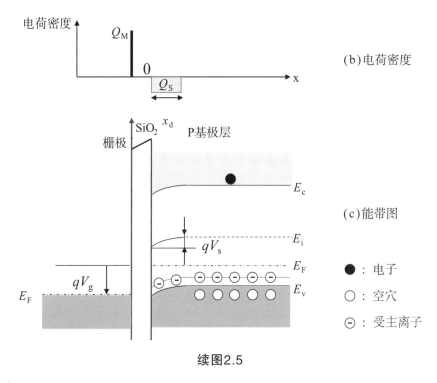

(b)电荷密度

(c)能带图

● ：电子

○ ：空穴

⊖ ：受主离子

续图2.5

### 2. 当对P型半导体的栅极施加更大的正电压时

图2.6显示了在栅极上施加较大的正电压时MOS结构的电场状态和能带图。电子在强电场的作用下被吸引到半导体表面，以某个电压为界限，表面变为N型，这种转变为N型的层被称为反型层。

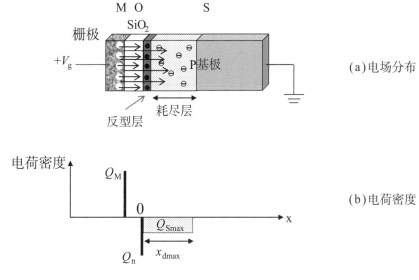

(a)电场分布

(b)电荷密度

图2.6 形成反型层时的MOS结构和能带图（$V_g > 0V$）

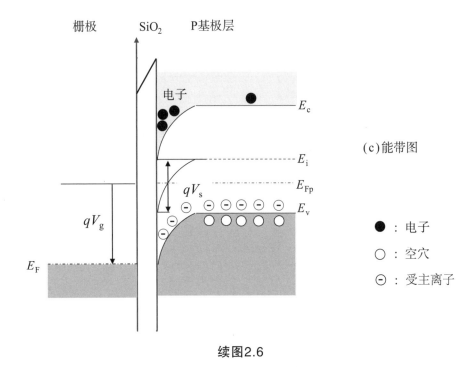

续图2.6

之后，因为反型层中的电荷随着$V_g$的增加而增加，耗尽层不会扩散到最大宽度$x_{dmax}$之外。$Q_M$由耗尽层的电荷$Q_{SMAX}$和反型层的电荷$Q_n$之和表示：

$$|Q_M| = |Q_{SMAX} + Q_n|  \quad\quad (2.6)$$

$Q_{SMAX}$取恒定值，之后反型层的电荷$Q_n$随着$Q_M$的增加而变大。也就是说，通过增加$V_g$来提高反型层的导电率。将这个反型层作为导通通道使用的就是MOSFET。

当能带向下弯曲$qV_f$，禁带的中央$E_i$位于半导体的费米能级以下时，半导体的表面从P型转为N型，这被称为弱反型。当表面电子的浓度正好与半导体的空穴浓度相同时，在表面上形成反型层，这被称为强反型，此时半导体表面的电位$V_{sinv}$可表示为：

$$V_{sinv} = 2V_f  \quad\quad (2.7)$$

耗尽层最大宽度$x_{dmax}$可表示为：

$$x_{dmax} = \sqrt{\frac{2\varepsilon_{Si}V_{sinv}}{qN_A}} = 2\sqrt{\frac{\varepsilon V_f}{qN_A}}  \quad\quad (2.8)$$

耗尽层中的电荷$Q_{smax}$可表示为：

$$Q_{smax} = -qN_A x_{dmax} = -2\sqrt{q\varepsilon_{Si}N_A V_f} \qquad (2.9)$$

如图2.7所示，拥有MOS结构的单位面积的电容为氧化膜的电容$C_{ox}$与半导体表面耗尽层的电容$G_d$串联而成的合成电容。这里，$C_{ox}$和$G_d$表示如下：

$$C_{ox} = \varepsilon_{ox}/x_{ox},\ C_d = \varepsilon_{Si}/x_d \qquad (2.10)$$

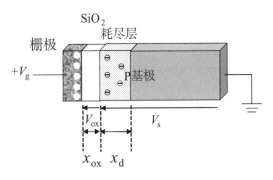

**图2.7　MOS结构部分的电容**

由于施加在栅极上的电压$V_g$是施加在氧化膜和半导体上的电压之和，所以

$$V_g = V_{ox} + V_s = \frac{Q_s}{C_{ox}} + V_s \qquad (2.11)$$

形成反型层的电压称为阈值电压$V_{th}$，用发生反型时施加于氧化膜的电压和能带的弯曲度来表示。由于耗尽层取最大宽度$x_{dmax}$，所以$V_{th}$可由下式表示：

$$V_{th} = \frac{qN_A x_{dmax}}{C_{ox}} + 2V_f \qquad (2.12)$$

实际的功率MOSFET，需要考虑栅极（多晶硅）和硅半导体之间的功函数差$\phi_{MS}$，以及在硅半导体和栅极氧化膜界面处产生的界面态密度$Q_{ss}$（见图2.8），阈值电压$V_{th}$可以表示如下：

$$V_{th} = \Phi_{MS} - \frac{Q_{ss}}{C_{ox}} + \frac{qN_A x_{dmax}}{C_{ox}} + 2V_f \qquad (2.13)$$

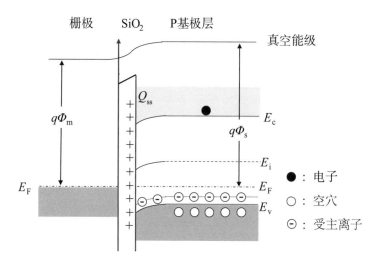

图2.8　栅极金属功函数低且存在界面电荷$Q_{ss}$时的能带图（$V_g = 0$V）

## 2.2.4　常开特性和常闭特性

在单极功率器件当中，除了功率MOSFET外，过去还曾开发过场效应晶体管（JFET）和静电感应晶体管（SIT)等，但与功率MOSFET相比，这些器件没有得到广泛的应用。如上一章所述，功率MOSFET被广泛商业化的理由是它们是电压驱动型器件，驱动电路可以简化，而且在施加高漏极电压时表现出漏极电流饱和特性。还有一个重要原因是，JFET和SIT具有所谓的"常开"特性，而功率MOSFET可以表现出"常闭"特性。这里将解释常开特性和常闭特性的区别。

### 1. 常开特性

控制电极（MOSFET为栅极）的阈值电压$V_{th} < 0$V，也就是即使施加在栅极上的电压为负时，只要施加在漏极上的电压为正，电流就会流动，这被称为常开特性。

### 2. 常闭特性

控制电极的阈值电压$V_{th} > 0$V，即当施加在栅极上的电压变为正时，如果在漏极上施加正电压，电流就会流动，这被称为常闭特性。

图2.9显示了具有常闭特性和常开特性的功率MOSFET的栅极电压$V_g$-漏极电流$I_d$特性（转移特性）。当施加在栅极上的电压$V_g$超过阈值$V_{th}$时，就会形成一个反型层，漏极电流开始快速流动。具有常开特性的MOSFET，由于$V_{th}$为负，即使栅极电压为0V，漏极电流也会流通。另一方面，具有常闭特性的MOSFET，当栅极电压为0V时，漏极电流不流通。这种特性差异在电力电子设备发生异常时会表现为较大的不同。

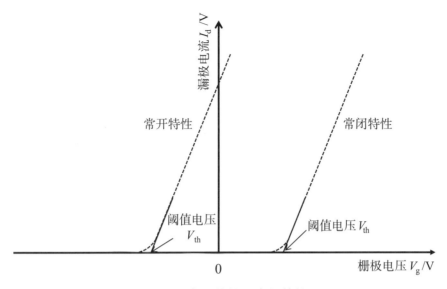

图2.9　常开特性和常闭特性

　　图2.10是在逆变器电路中增加栅极驱动电路的示意图。在前一章中讲述过，当负载短路等异常情况发生时，具有电流饱和特性的器件不会流过一定水平以上的电流，从而可以防止器件瞬间损坏。当电力电子设备检测到异常时，通常保护电路会工作以切断电流。为了切断导通电流，使栅极与源极短路（开启图中画圈的开关），将施加在栅极上的栅极电压降至0V。如果此时功率器件具有常开特性，则正电压施加在漏极电压上，因此电流不能被切断而继续流通。但是，如果

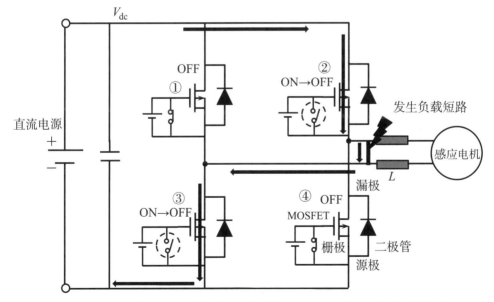

图2.10　逆变器负载短路时的操作。为了使MOSFET由ON状态（②和③）迅速转为OFF状态，将栅极与源极短路（设$V_{gs} = 0V$）

功率器件具有常闭特性，则可以完全切断电流，从而使功率电子设备安全地停止。也就是说，从设备故障保护的角度来看，常闭特性对于功率设备是不可缺少的特性。出于这个原因，具有常闭特性的功率MOSFET在市场上得到了广泛的普及。

## 2.2.5　电流-电压特性

图2.11显示了功率MOSFET的电流-电压特性。栅极和源极短路（$V_{gs}=0$V）时，即使在漏极上施加正电压，也没有电流流动。如上章所述，没有形成反型层，因此电子不能从源极流过N$^+$源极层，也就是成为所谓的正向阻断状态。如果就这样直接将施加在漏极上的正电压增大，当达到某一电压时电流就会迅速流动，变得无法再施加更高的电压，这个漏极电压被称为耐压，半导体内部产生的雪崩击穿现象造成电流迅速流动。例如，在器件额定电压为650V的MOSFET的情况下，由雪崩击穿决定的器件击穿电压被设计为略高于650V的数值。接下来，考虑在栅极上施加正电压的情况。当一个大于阈值电压$V_{th}$的电压被施加到栅极时，功率MOSFET形成一个反型层，电子从源极导通。

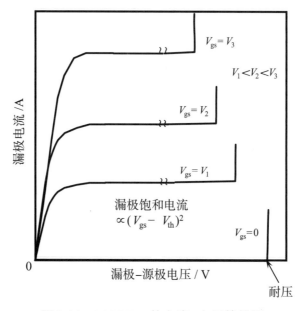

**图2.11　MOSFET的电流-电压特性图**

如图2.11所示，当栅极电压$V_{gs}>V_{th}$时，正电压施加到漏极时电流导通。通常，功率MOSFET的栅极阈值电压$V_{th}$在室温（25℃）下设置为2.0～4.0V。在理想的功率MOSFET中，电流导通过程中的电压降为零，但实际上，如图所示，在电流-电压特性的线性区域内，表现出恒定的电压降。这条直线距离原点的斜率的倒数就是电阻，在功率MOSFET中，这个电阻被称为"导通电阻"。不言而喻，我们希望功率MOSFET的导通电阻更低。如图2.12所示，单位面积的导通电阻被称为特征导通电阻$R_{onsp}$。

特征导通电阻：单位面积的导通电阻

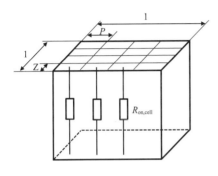

相当于每个单位面积并联$1/(Z \cdot S)$个单元

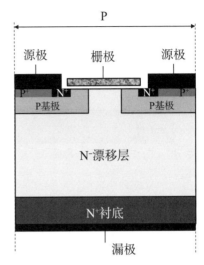

$R_{on,cell}$：一个单元的导通电阻
$P$　　：单元间距

$$R_{on,sp} = \frac{R_{on,cell}}{1/(Z \cdot P)} = R_{on,cell} \cdot Z \cdot P (\Omega \cdot cm^2)$$

**图2.12　特征导通电阻**

## 2.2.6 漏极−源极间的耐压特性

图2.13是在功率MOSFET的漏极上施加高电压时（正向阻断状态），电场分布和耗尽层扩散示意图。

功率MOSFET的漏极−源极间的耐压特性由以下因素决定：

（1）P基极层和N⁻漂移层形成的PN结的反向偏压特性。

（2）栅极和N⁻漂移层组成的MOS电容耐压。

图2.14显示了MOS电容区的电场分布。该图显示了正向阻断状态下图2.13中的A-A′线上的电场分布。可以看出，通过对漏极施加大电压，栅极氧化膜也被施加了电场。其最大电场强度的值是根据高斯定律将硅的最大电场强度$E_c$乘以硅与SiO₂的介电常数之比而得到的值，最大约为$9.2 \times 10^5$V/cm。这一数值与SiO₂的击穿场强（约$1.0 \times 10^7$V/cm）相比十分小，这意味着在硅功率MOSFET中，几乎不会发生MOS电容区的氧化膜击穿。当高电压被施加到功率MOSFET的漏极时，耗尽层开始在P基极层和低浓度N⁻漂移层之间扩散。当在PN结之间扩散的耗尽层中的电场强度达到硅的最大电场强度时，发生雪崩击穿并且有大电流流动。

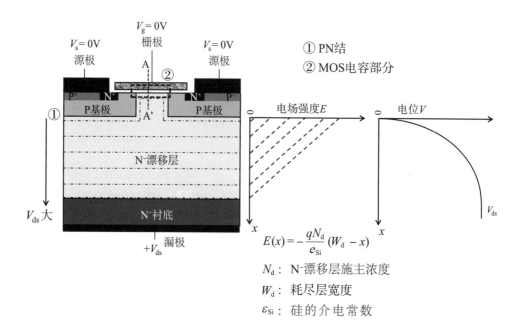

図2.13　平面DMOSFET正向阻断状态下的耗尽层扩散和PN结电场分布

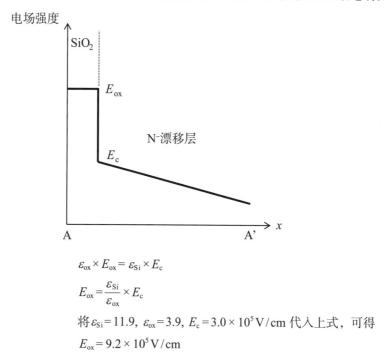

$$\varepsilon_{ox} \times E_{ox} = \varepsilon_{Si} \times E_c$$

$$E_{ox} = \frac{\varepsilon_{Si}}{\varepsilon_{ox}} \times E_c$$

将 $\varepsilon_{Si} = 11.9$, $\varepsilon_{ox} = 3.9$, $E_c = 3.0 \times 10^5 \, V/cm$ 代入上式, 可得

$$E_{ox} = 9.2 \times 10^5 \, V/cm$$

图2.14　功率MOSFET MOS电容区的电场分布（图2.13A-A'线）

这时施加的漏极–源极间的电压是功率MOSFET的耐压。为了通过PN结来确定该耐压, 在器件设计中需要注意以下几点：

（1）完全抑制由N⁺源极层/P基极层/N⁻漂移层组成的寄生NPN晶体管的工

作。如果寄生NPN晶体管由于施加高电压时产生微小的漏电流而在漏极电压施加期间导通，则从N$^+$源极注入的电子会加速雪崩击穿，这自然导致MOSFET在低于由P基极层/N$^-$漂移层决定的PN结耐压特性的电压下发生雪崩击穿。因此，通过在源极引入前面讲述的P$^+$层，N$^+$源极层和P基极层被源极以足够低的电阻短路，这样即使有漏电流流过，寄生NPN晶体管也不会工作，这是使功率MOSFET的耐压足够大的重要一点，这是由PN结耐压特性决定的。

（2）必须注意P基极层的杂质浓度和厚度的设定。前面提到，当在漏极上施加高电压时，耗尽层会扩散到N$^-$漂移层，但耗尽层也会扩散到比N$^-$漂移层浓度更高的P基极层。如果P基极层中的杂质浓度较低，或者厚度不足，扩散到P基极层中的耗尽层就会到达N$^+$源极层，形成所谓的穿通状态，电子会从N$^+$源极层流向耗尽层，其结果会导致耐压劣化。图2.15显示了在漏极上施加正电压时，P基极层/N$^-$漂移层形成的PN结的电场分布。如该图所示，通过在PN结形成三角形电场分布来保持漏极电压。在此例中，假设P基极层和N$^-$漂移层的杂质浓度在深度方向上恒定。

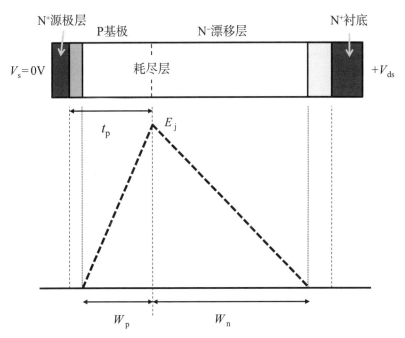

**图2.15** 功率MOSFET P基极层/N$^-$漏极层形成的PN结的三角形电场分布

在P基极层中扩散的耗尽层宽度$W_p$可以由下式表示：

$$W_p = \frac{\varepsilon_{Si} E_j}{q N_A} \tag{2.14}$$

这里，$N_A$是P基极层的杂质浓度，$q$是基本电荷（$q = 1.6 \times 10^{-19}$C），$\varepsilon_{Si}$是硅的介电常数。不引起耗尽层穿通的最小P基极层厚度$t_p$是上式中的电场强度$E_j$达到硅的最大电场强度$E_c$时的值，可以用下式表示：

$$t_p = \frac{\varepsilon_{Si} E_c}{q N_A} \tag{2.15}$$

对于最大电场强度约为$3.0 \times 10^5$V/cm的相对较小的硅MOSFET，由于最小P基极层厚度可以做得比SiC薄，因此在通过缩短沟道长度等小型化来实现低导通电阻方面的设计自由度很高[10]。

在此，确认图2.13所示的漏极被施加高电压时（正向阻断状态）的电场分布和耗尽层扩散。假设P基极层的浓度远高于N⁻漂移层的浓度，对于由P基极层/N⁻漂移层形成的PN结，下式成立：

$$\frac{d^2V}{dx} = -\frac{dE}{dx} = -\frac{q N_D}{\varepsilon_{Si}} \tag{2.16}$$

其中，$N_D$是N⁻漂移层中的施主浓度。此式为单边突变结的泊松方程。

将式（2.16）对$x$进行积分，可得

$$E(x) = \frac{q N_D}{\varepsilon_{Si}} x + A \tag{2.17}$$

其中，$A$为积分常数。

在与电场有关的边界条件中，耗尽层端$W_d$处的电场强度$E(W_d) = 0$，所以

$$A = -\frac{q N_D}{\varepsilon_{Si}} W_d \tag{2.18}$$

因此

$$E(x) = \frac{q N_D}{\varepsilon_{Si}} (W_d - x) \tag{2.19}$$

由此可知，耗尽层的电场梯度与N⁻漂移层的杂质浓度$N_D$成正比。

将式（2.17）对$x$进一步积分，可得

$$V(x) = \frac{q N_D}{2\varepsilon_{Si}} x^2 - Ax + B \tag{2.20}$$

其中，$A$和$B$为积分常数。

作为电位的边界条件，因为$V(0)=0$，所以$B=0$，于是

$$V(x)=\frac{qN_D}{\varepsilon_{Si}}\left(W_d x-\frac{x^2}{2}\right) \qquad (2.21)$$

如果外加电压$V_{ds}$足够大，则PN结的内建电势$V_{bi}$可以忽略不计，因此

$$V(W_d)=V_{ds}=\frac{qN_D W_d^2}{2\varepsilon_{Si}} \qquad (2.22)$$

所以

$$W_d=\sqrt{\frac{2\varepsilon_{Si}V_{ds}}{qN_D}} \qquad (2.23)$$

由此可知，施加漏极电压$V_{ds}$时的耗尽层宽度与N⁻漂移层的杂质浓度$N_d$的平方根的倒数成正比。

当PN结的最大电场强度达到硅的击穿场强$E_c$时，就会发生雪崩击穿。由于这个击穿电压$V_{BD}$是电场分布的三角形积分，所以

$$V_{BD}=\frac{E_c\times W_{d,BD}}{2} \qquad (2.24)$$

此时耗尽层的宽度为

$$W_{d,BD}=\sqrt{\frac{2\varepsilon_{Si}V_{BD}}{qN_D}} \qquad (2.25)$$

将式（2.25）代入式（2.24），可得

$$V_{BD}=\frac{\varepsilon_{Si}E_c^2}{2qN_D} \qquad (2.26)$$

耐压与N⁻漂移层的杂质浓度$N_D$的倒数成正比。由此可知，要想提高功率MOSFET的耐压，降低N⁻漂移层的杂质浓度$N_D$即可。然而，如后文所述，降低$N_D$会增加MOSFET的导通电阻。因此，在功率MOSFET中，耐压和导通电阻具有折中关系。

## 2.2.7 功率MOSFET的导通电阻

具有平面栅极结构的功率MOSFET（以下简称平面MOSFET）的导通电阻可以表示为表面沟道部分的电阻、N⁻漂移层的电阻和N⁺衬底的电阻之和。对栅

极和漏极同时施加正电压时，漏极电流就会流动。在表面沟道部分，P基极层表面形成反型层，从N⁺源极层流出的电子通过该区域并流向N⁻漂移层。然后，到达N⁻层的电子通过P基极层对面的狭窄的N⁻区域（DMOSFET中的JFET区域），流向漏极。在这个JFET区域产生的电阻称为JFET电阻。要想降低JFET电阻，需要通过扩大栅极的宽度来扩大P基极层对面的区域的宽度或者仅在JFET区域中增加杂质浓度。通过JFET区域的电子到达在P基极层/N⁻漂移层形成的PN结下方延伸的N⁻漂移层，扩散到整个N⁻漂移层，并流向漏极。图2.16展示了具有平面栅极结构的DMOSFET的内部电阻[10]，包括源极接触电阻$R_{CS}$、N⁺源极层接触电阻$R_{n+}$、沟道电阻$R_{ch}$、积累电阻$R_{acc}$、JFET电阻$R_{JFET}$、N⁻漂移层电阻$R_D$、N⁺衬底电阻$R_{SUB}$和漏极接触电阻$R_{CD}$。这些电阻串联起来形成DMOSFET的总电阻，即DMOSFET的导通电阻$R_{on}$可以用下式表示：

$$R_{on} = R_{CS} + R_{n+} + R_{ch} + R_{acc} + R_{JFET} + R_D + R_{SUB} + R_{CD} \qquad （2.27）$$

开发高性能功率MOSFET意味着在保持必要的耐压的同时最小化导通电阻$R_{on}$。

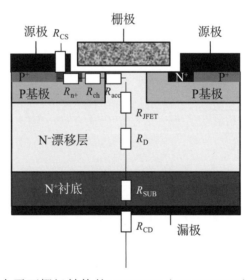

**图2.16**　具有平面栅极结构的MOSFET（DMOSFET）的内部电阻

为了实现这一点，优化构成DMOSFET的各层的浓度、厚度和尺寸的设计非常重要。因此，最新的DMOSFET设计利用了2D或3D TCAD器件模拟技术，详细解析电流导通过程中沟道部分的电流拥挤，以及从JFET部分到N⁻漂移层的电子扩散、正向阻断状态下P基极层/N⁻漂移层的结曲率处的电场集中程度等，以提高耐压和导通电阻的折中特性，从而进行最佳的功率MOSFET设备的设计。以微细尺寸为目标稳定制作亚微米MOS沟道的自对准工艺技术、不降低耐压的情况下降低JFET电阻的高浓度N层离子注入技术，以及沟槽栅极技术等，都是为了改善耐压和导通电阻之间的折中特性而诞生的技术，这些技术同样也适用于当前的功率MOSFET。

图2.17显示了器件额定电压为30V和600V的DMOSFET的各部分电阻与总导通电阻的比[11]。

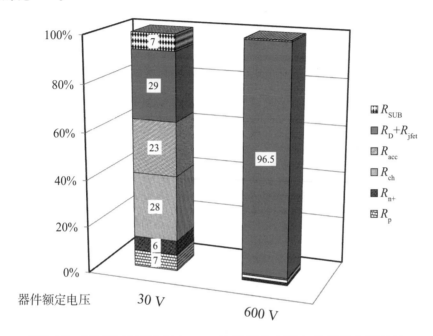

**图2.17** 30V和600V DMOSFET的各部分电阻与总导通电阻的比

首先，源漏极的接触电阻（$R_{CS}$，$R_{CD}$）和N$^+$源极层接触电阻（$R_{n+}$）极小，几乎可以忽略不计。在耐压小于50V的MOSFET中，沟道电阻（$R_{ch}$）占据了整体的很大一部分，所以在器件设计中如何降低沟道电阻成为重点。沟道电阻由下式表示：

$$R_{ch} = \frac{L_{ch}W_{cell}}{2\mu_{nch}C_{ox}(V_G - V_{ch})} \qquad (2.28)$$

这里，$\mu_{nch}$为MOS沟道迁移率，$C_{ox}$为MOS的电容，$L_{ch}$为沟道长度，$W_{cell}$为单位单元的单元宽度。此外，为了降低沟道电阻，可以在一定面积内填充更多的单位单元来延长总沟道宽度并减小$R_{ch}$。如图2.18所示，可以将每个正六边形单元以正六边形排列，像晶体学中的六方最密堆积那样，在一定区域内排列更多的单位单元，并降低$R_{ch}$[12]。

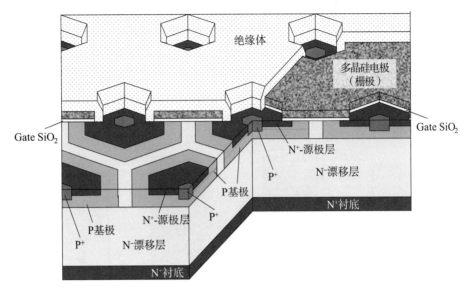

**图2.18　具有正六边形单元排列的MOSFET结构**

接下来，考虑N⁻漂移层电阻$R_D$：

$$R_D = \frac{W_D}{q\mu_n N_D} \tag{2.29}$$

这里，$W_D$为N⁻漂移层厚度，$N_D$为N⁻漂移层浓度，$\mu_n$是电子体积迁移率。施加耐压时的耗尽层宽度由下式给出：

$$W_D = \frac{2V_{BD}}{E_c} \tag{2.30}$$

这里，$V_{BD}$是雪崩击穿电压，$E_c$是硅的临界击穿场强。

由式（2.26）可得：

$$N_D = \frac{\varepsilon_{Si} E_c^2}{2q V_{BD}} \tag{2.31}$$

综合上述各式，N⁻漂移层电阻$R_D$表示如下：

$$R_D = \frac{4V_{BD}^2}{E_s \mu_n E_c^3} \tag{2.32}$$

由式（2.32）可知，当耐压增加至2倍时，$R_D$增加至4倍，当半导体材料的临界击穿场强$E_c$增加10倍时，$R_D$可以减小到1/1000。目前作为下一代功率器件材料备受瞩目的SiC和GaN具有比硅更大的能带隙和10倍以上的$E_c$，因此有望在保持耐压的同时大幅降低导通电阻。另外式（2.32）的分母作为功率器件的性能指数之一的Baliga品质因数（BFOM）而为人熟知[13]。通常认为，BFOM越大，功率半导体的性能越好。

众所周知，当DMOSFET的单元宽度$W_{cell}$设计得较小时，JFET电阻$R_{JFET}$的值会增加，这是因为P基极层之间的尺寸变得更短（更窄）。JFET电阻$R_{JFET}$可以使用图2.19[14]所示的参数由下式表示：

$$R_{JFET} = \frac{\rho_{JFET} \, x_{jp} W_{cell}}{W_G - 2x_{jp} - 2W_0} \quad （2.33）$$

这里，$\rho_{jFET}$是JFET部分的电阻率，$x_{jp}$是P基极层的扩散深度，$W_{cell}$是单元宽度，$W_G$是栅极宽度，$W_0$是施加零电压时的耗尽层宽度。从该式可以看出，为了减小$R_{JFET}$，在JFET部分设置高浓度N⁻层来降低电阻率$\rho_{jFET}$并将P基极层形成得较浅是非常有效的。

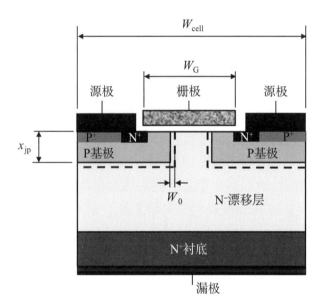

图2.19　用于JFET电阻建模的DMOSFET截面结构图

## 2.2.8　功率MOSFET的开关特性

与IGBT不同，功率MOSFET是单极器件，因此没有少数载流子的累加，开关速度快。开关操作由栅极驱动电路和连接到MOSFET的源极/漏极之间的负载电路控制。这里，以功率MOSFET导通的情况为例来说明开关工作情况。

向栅极输入高于栅极阈值电压$V_{th}$的电压，对表面MOS区的电容充电以形成反型层。当从导通到关断时，需要对带电的MOS的电容放电，以消除反型层。

可以说，功率MOS的开关速度是由表面MOS的充电和放电速度决定的。功率MOSFET的MOS管寄生电容如图2.20所示。MOSFET的电容由输入电容$C_{iss}$、输出电容$C_{oss}$和反馈电容$C_{rss}$定义，如下式所示：

$$C_{iss} = C_{gs} + C_{gd} \qquad (2.34)$$

$$C_{oss} = C_{gd} + C_{ds} \qquad (2.35)$$

$$C_{rss} = C_{gd} \qquad (2.36)$$

这里，$C_{gs}$为栅极和源极之间的电容，$C_{gd}$为栅极和漏极之间的电容，$C_{ds}$为漏极和源极之间的电容。

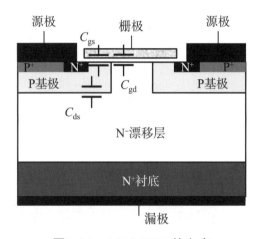

**图2.20　DMOSFET的电容**

图2.21显示了功率MOSFET导通时栅极和漏极电流–电压波形。首先，在$t = 0$时将导通脉冲输入到栅极，栅极电流开始流动，输入电容$C_{iss}$以下式所示的恒定的栅极电压变化率$dV_{gs}/dt$进行充电：

$$\frac{dV_{gs}}{dt} = \frac{I_g}{C_{iss}} = \frac{I_g}{C_{gs} + C_{gd}} \qquad (2.37)$$

这里，$I_g$为栅极电流。在源极和漏极之间施加高电压时，$C_{iss}$几乎全部为$C_{gs}$。因此，在该第一周期中，栅极电流$I_g$用于对$C_{gs}$充电。当栅极电压$V_{gs}$达到阈值电压$V_{th}$时，形成反型层，MOSFET的漏极电流$I_d$开始流动。

漏极电流$I_d$可表示如下：

$$I_d = g_m(V_{gs} - V_{th}) \qquad (2.38)$$

此处，$g_m$称为电导，由下式表示：

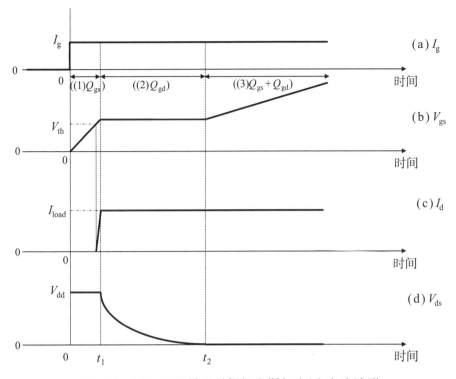

**图**2.21　MOSFET导通时栅极和漏极电压-电流波形

$$g_m = \frac{\mathrm{d}I_d}{\mathrm{d}V_{gs}} \qquad (2.39)$$

接下来，当漏极电流达到负载电流$I_{load}$时，此时漏极电压$V_{ds}$开始下降。在这种情况下，栅极电流用于对反馈电容$C_{rss}$进行放电，如下式所示：

$$\frac{\mathrm{d}V_{ds}}{\mathrm{d}t} = -\frac{I_g}{C_{rss}} \qquad (2.40)$$

之后，$C_{rss}$随着漏极电压$V_{ds}$的减少而增加。当漏极电压$V_{ds}$下降到电流导通的稳定状态时，栅极电压$V_{gs}$上升，直到持续提供栅极电流$I_g$为止。在上述一系列MOSFET导通操作中，最大的导通损耗发生在由式（2.40）表示的同时向器件施加高电压和大电流的期间。因此，为了降低导通损耗，重要的是缩短式（2.40）所示的周期，并且为了将$\mathrm{d}V_{ds}/\mathrm{d}t$设置得更大，在不牺牲导通电阻和耐受电压特性的情况下，将反馈电容$C_{rss}$设计得尽可能小。还需要注意驱动功率MOSFET的栅极驱动电路的损耗。功率MOSFET是单极工作，有利于高速开关特性，多用于高频驱动的应用中。设$f$为驱动频率，由于栅极驱动电路中产生的损耗可以用$V_{gx}(Q_{gs}+Q_{gd}) \times f$表示，因此在设计时减少栅极和源极之间的电荷量（$Q_{gs}$）以及栅极和漏极之间的电荷量（$Q_{gd}$）也很重要。

## 2.2.9 沟槽栅极功率MOSFET

在平面DMOSFET结构中，P基极层间存在JFET电阻，它降低了导通电阻，因此成为阻碍单元小型化的因素。也就是说，想要使单元小型化，需要减小栅极宽度，结果，P基极层间距也变窄，无法减小JFET电阻分量。在这种情况下，有人提出了一种沟槽栅极功率MOSFET（以下简称沟槽MOSFET）方案，即挖出垂直于硅衬底的沟槽，并在那里形成栅极氧化膜和栅极，在沟槽侧壁形成通道，使器件能够作为MOSFET工作。上述沟槽技术最初是为开发DRAM（动态随机存取存储器）而创建的，之后将其应用于功率器件。发展之初的沟槽结构为V型槽，但为了避免电场集中在槽底锐角部分，而将V型沟槽底部改为平坦形状。之后，该工艺演变为图2.22所示的垂直沟槽MOSFET[15]。现在的沟槽MOSFET通常将沟槽角制成圆形的结构（U型结构），以防止在施加高电压时由于栅极拐角处的电场集中而造成破坏。因此，沟槽MOSFET有时称为UMOSFET。

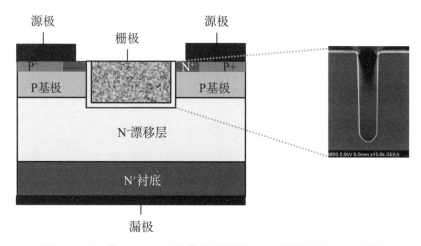

图2.22 沟槽MOSFET的横截面结构和沟槽形状的SEM照片

通过将栅极以细长形状嵌入硅衬底中，与平面MOSFET的单元间距相比，能够缩小单位单元的单元间距，并且总沟道幅度变宽。此外，与平面MOSFET不同，沟槽MOSFET不存在JFET电阻，与平面MOSFET相比，沟槽MOSFET可以充分降低其导通电阻。特别是耐压为$100 \sim 200V$以下的MOSFET，沟道电阻$R_{ch}$在总电阻中的比例大，降低导通电阻的效果更大。与2.2.7节中所示的平面MOSFET的总电阻相同，沟槽MOSFET的导通电阻可以表示如下[10]：

$$R_{on} = R_{CS} + R_{n+} + R_{ch} + R_{acc} + R_D + R_{SUB} + R_{CD} \qquad (2.41)$$

图2.23显示了每个电阻分量。

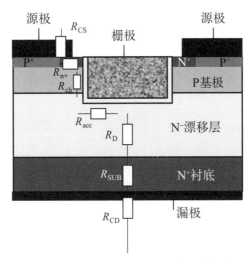

**图2.23** 沟槽MOSFET的内阻分量

与平面MOSFET一样，源极接触电阻（$R_{CS}$）、漏极接触电阻（$R_{DS}$）和N$^+$源极层电阻（$R_{n+}$）极小，几乎可以忽略不计。此外，为了降低沟道电阻，有时会在沟槽MOSFET中应用以正六边形单元为代表的单元结构，但由于希望尽量消除电场易于集中的沟槽底部的拐角，所以在沟槽MOSFET中大多使用了所谓的柱形单元结构。

沟道电阻由式（2.28）表示，也就是说，沟槽MOSFET可以通过单元小型化而增加总沟道宽度，换一种说法就是通过增加单位面积的沟道密度来降低沟道部分的电阻。

另一方面，从单位面积的栅极电容的观点来看，由于单元小型化的影响，与平面MOSFET相比，沟槽MOSFET的$C_{iss}$和$C_{rss}$等具有电容增大的倾向，这意味着开关速度可能比平面MOSFET要慢。在当今最尖端的功率MOSFET开发领域，各公司都在努力研发能够同时改善低导通电阻和高速开关特性这两个矛盾特性的器件。

## 2.2.10 最先进的硅功率MOSFET

### 1. 新型沟槽MOSFET

沟槽MOSFET的特点是能够通过减少沟道的电阻分量来降低总导通电阻，这对具有低N$^-$漂移层电阻率和100 ~ 200V以下耐压的低压MOSFET很有效。沟槽栅极结构的诞生使得沟道电阻迅速降低。然而，N$^-$漂移层的电阻几乎没有降低，即使在低耐压MOSFET中，其较高的电阻也引起重视。在此背景下诞生了图2.24所示的沟槽场板MOSFET[16]。

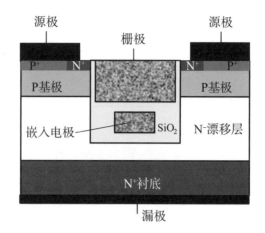

**图2.24　沟槽场板MOSFET的截面图**

这种结构的特点是，沟槽MOSFET结构的沟槽深挖到N⁻漂移层中，形成被厚氧化膜包围的嵌入式栅极结构。该嵌入式电极与栅极一样由多晶硅制成。这种嵌入的多晶硅电极与源极相连，由所谓的降低表面电场（RESURF）理论[17]使得N⁻漂移层中的电场均匀分布。其结果，即使提高N⁻漂移层的杂质浓度，也能够维持源极与漏极之间的耐压，因而可以实现低导通电阻。例如，根据参考文献[18]，在器件额定电压为60V的沟槽MOSFET的情况下，N⁻漂移层中的电阻约占总电阻的60%。通过应用沟槽场板结构，在保持器件耐压的情况下特征导通电阻$R_{onsp}$从17.8mΩcm²降低到10.9mΩcm²。有报道显示，代表功率MOSFET的低导通电阻特性和高速开关特性的性能指标$R_{on} \times Q_g$（栅极电荷量），沟槽场板结构优于沟槽MOSFET，可以说在额定电压为60V的器件中十分有效（参见表2.1）。这是因为栅极–漏极之间的电容（反馈电容）$C_{gd}$（或$C_{rss}$）可以通过加厚沟槽底部及周围的氧化膜来降低，其结果在产生低导通电阻的同时高速开关特性也有效。

**表 2.1　新型沟槽 MOSFET 与传统 MOSFET 的特性比较**

|  | 新型沟槽 MOSFET | 传统沟槽 MOSFET |
| --- | --- | --- |
| 器件耐压 /V | 65 | 70 |
| 特征导通电阻 /mΩcm²/V | 10.9 | 17.8 |
| $Q_g$(nC) | 73.9 | 66 |
| $R_{on} \times Q_g$(mΩ · nc) | 85 | 145 |

### 2. 超级结MOSFET

高耐压领域的MOSFET也在不断进行降低功率MOSFET的导通电阻的努力。在平面MOSFET的耐压为600V的高耐压功率MOSFET的情况下，如图2.17所示，其导通电阻几乎都是N⁻漂移层中的电阻分量。这个N⁻漂移层的电阻由杂质浓度和厚度决定，能达到的极限特性被称为"硅的理论极限"，取横轴为器件耐压VBD，纵轴为特征导通电阻时，绘制由式（2.32）确定的线。这样，在高耐压功率MOSFET中，通过优化设计N⁻漂移层可以降低导通电阻，还实现了表现出上述"硅的理论极限"边缘特性的MOSFET[19]。但是，无法期望高耐压功率MOSFET能够大幅改善导通电阻和耐压特性之间的折中特性。

在这种情况下，有一种称为超级结（SJ）结构的新概念被提出。基于1979年发表的RESURF理论[17]，这种MOSFET起源于将N⁻柱区和P⁻柱区（漂移层）交替排列结构应用到横向二极管和MOSFET[20, 21]，其工作原理连同"超级结"这个词一起被发表在论文[21, 22]中。SJ结构最大的结构特征是相对高浓度的N⁻柱区和P⁻柱区交替排列。这导致这些N⁻柱区和P⁻柱区即使在低漏极电压条件下也会被完全耗尽。图2.25显示了SJ-MOSFET的横截面图以及耗尽层的扩散和电场分布。当正向电压施加到SJ-MOSFET的漏极上时，耗尽层不仅在垂直方向上扩散，而且从每个N/P柱区结点向水平方向上扩散。结果，来自每个柱区的耗尽层相连接，漂移层完全耗尽。因此，N⁻柱区的施主离子$N_D$和P⁻柱区的受主离子$N_A$同时存在于漂移层中，如果$N_D$和$N_A$的量完全相等，则漂移层耗尽，漂移层的电荷变为零。因此，根据泊松方程，其电场分布也为$dE/dx = 0$，所以漂移层中电场的斜率为零。结果，与图2.13所示的平面DMOSFET不同，电场分布变成了矩形分布，这使得器件能够表现出更大的耐压特性。换句话说，SJ-MOSFET的特点是在漂移层上除了N层，还增加了P柱区，器件耐压由N柱区和P柱区的电荷决定。另一方面，因为电子仅在N层导通，漂移层电阻取决于N柱区的杂质浓度$N_D$。也就是说，耐压和导通电阻是由不同的要素决定的。

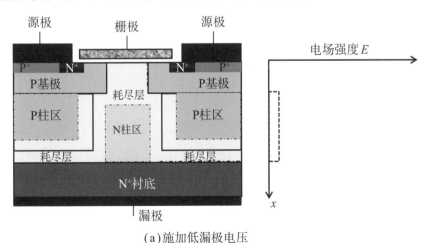

(a)施加低漏极电压

**图2.25** SJ-MOSFET正向阻断状态下耗尽层的扩散和漂移层的电场分布

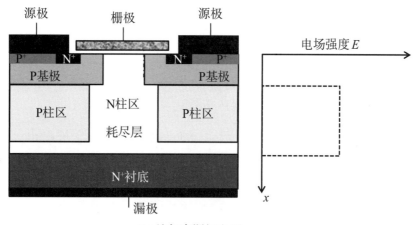

(b)施加高漏极电压

续图2.25

这与传统的平面MOSFET（沟槽MOSFET也相同）的耐压和导通电阻完全由N⁻漂移层的浓度（电荷）所决定有很大不同。这是SJ-MOSFET的耐压和导通电阻特性得到极大改善的要点。上述设计概念也称为电荷耦合概念[10]。此时的柱区的最佳电荷密度$Q_{opt}$由下式表示：

$$Q_{opt} = 2qN_D w = \varepsilon_{Si} E_c \tag{2.42}$$

其中，$q$是基本电荷（$= 1.6 \times 10^{-19}$C），$N_D$是N柱区的杂质浓度，$\omega$是N柱区宽度，$\varepsilon_{Si}$是硅的介电常数，$E_c$是硅的最大电场强度。

当器件耐压为$V_{BD}$时，作为SJ-MOSFET的特征结构的N柱区和P柱区部分的电阻$R_{on, sp, n/p}$由下式表示[23]：

$$R_{on,sp,n/p} = 4W \frac{V_{BD}}{\mu \varepsilon_{Si} E_c^2} \tag{2.43}$$

换句话说，SJ-MOSFET的漂移层的电阻与器件耐压$V_{BD}$成正比，这与式（2.32）表示的传统的平面MOSFET和沟槽MOSFET不同，通过缩短柱区的横向间距，可以实现低导通电阻。这样，即使提高器件的耐压，漂移层的电阻也不容易增加的SJ-MOSFET成为开发耐压等级为500～700V的高耐压MOSFET的最佳选择。1998年，在垂直MOSFET中使用SJ结构的功率MOSFET产品问世，现在有几家公司已经发展到将SJ-MOSFET商业化。

接下来，就关于创建SJ-MOSFET的N/P柱区的过程进行说明。创建N/P柱区的代表性的工艺流程如下所示。

（1）多次外延生长法。图2.26表示了创建过程的概述。首先，准备高浓度N+衬底晶圆，在其上生长出几μm～10μm的N−外延层，然后进行选择性的P和N离子注入。重复几次这一过程，之后进行热处理，通过热扩散，离子注入的P层和N层连接形成N/P柱区[24]。该方法的特点是可以通过离子注入法精确控制杂质浓度，容易形成稳定的N/P柱区，在目前的一些产品中被采用。然而这种方法也有弊端，为了实现N/P柱区的高纵横比，外延层的数量增加，造成制作工序增多，并且由于N/P柱区是通过热扩散形成的，因此很难实现窄间距等。

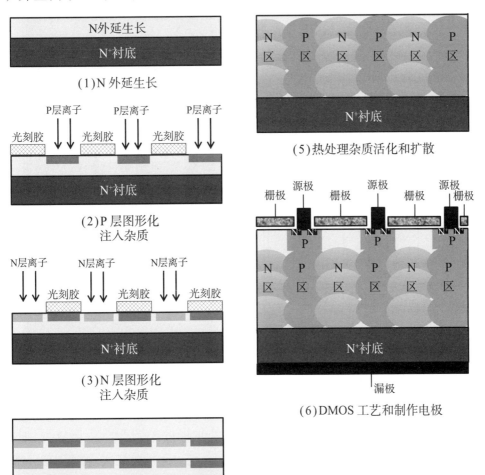

图2.26　SJ-MOSFET制造工艺（多次外延生长法）

（2）沟槽填充法。图2.27表示了制作工艺的概述。准备一个在高浓度N+衬底上制备了具有较厚N−外延层的晶圆。设计的器件耐压等级各有不同，650V的耐压等级时需要生长大约50μm厚度的外延层。之后，通过沟槽刻蚀形成具有高长宽比的沟槽，然后填充P外延层。之后，通过CMP（化学机械抛光）对表面进行平整，以形成N/P柱区[25]。这种方法虽然制备工序少，可以缩小N/P柱区间距，但填充P外延层时容易产生空隙。

(1)N 外延生长

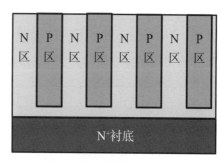

(3)填充 P 外延层使其平坦化填充

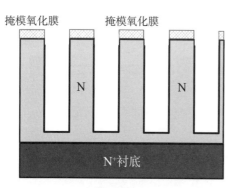

(2)沟槽蚀刻形成图案

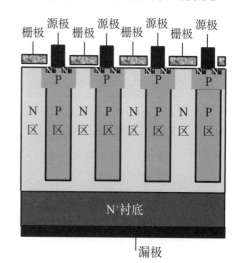

(4)DMOS 工艺与制作电极

图2.27　SJ-MOSFET制造工艺（沟槽填充法）

此外，准备在高浓度N+衬底上形成厚N-外延层的晶圆，然后形成深沟槽。有通过气相或离子注入在侧壁上形成P层的方法[26, 27]和通过高速离子注入形成深P层的方法[28]。这样，在形成的N/P柱区上形成平面栅或沟槽栅结构，完成SJ-MOSFET。

为了实现SJ-MOSFET的高耐压特性，N/P柱区的电荷必须相等，但由于制造上的差异，要完全使N/P柱区的电荷相等是非常困难的，这种无法平衡电荷的情况被称为电荷不平衡。当这种电荷不平衡的情况发生时，如图2.28所示，SJ-MOSFET的耐压特性会迅速恶化，这就大大阻碍了其商业化。

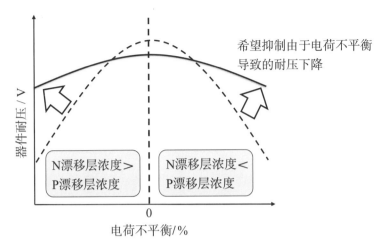

图2.28 由于SJ-MOSFET电荷不平衡导致的耐压下降

因此，有一种设计方法被提出，即使在电荷不平衡的情况下也能抑制耐压降低[30]。如图2.29所示，通过预先将N/P柱区的杂质浓度设定得较高，并在深度方向上添加梯度，即使电荷不平衡，当施加高电压时，器件中的电场分布也会得到改善，就能够在保持低导通电阻的情况下，抑制器件耐压的下降。

由于上述器件制造工艺和设计方法的进步，最新的SJ-MOSFET已经取得了显著的进展，有报道称在器件额定电压为600V的MOSFET中已经实现了8mΩcm$^2$的特征导通电阻[31]，预计未来以SJ-MOSFET为代表的高压MOSFET器件会取得进一步的发展。

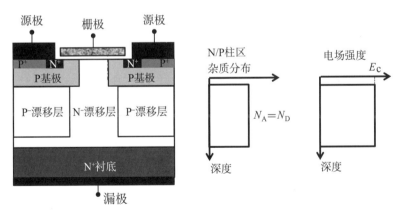

(a)深度方向没有杂质分布时

图2.29 在深度方向有杂质分布的SJ结构中，施加高漏极电压时
产生电荷不平衡的电场分布

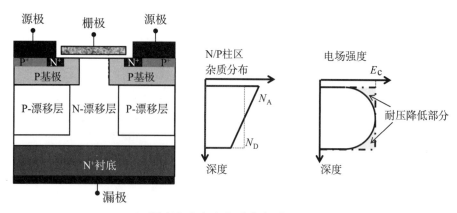

(b)深度方向存在杂质分布时

续图2.29

## 2.2.11　MOSFET内置二极管

在前面讲解的平面MOSFET、沟槽MOSFET和SJ-MOSFET中，当对漏极施加负电压时，P基极层和N⁻漂移层正向偏置，电流流过漏极和源极之间。如图2.30所示，当栅极电压为零或负电压时，在负方向上对漏极施加大约−0.7V或更高的电压时，就会有电流流动。

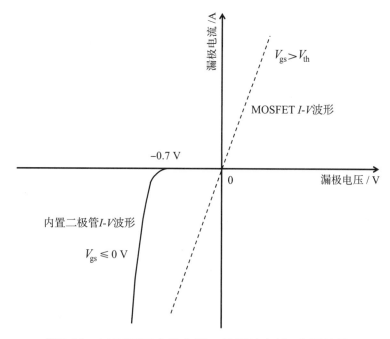

图2.30　MOSFET内的内置二极管的电流−电压特性

这一电流如图2.31所示，是内置的PN二极管正向偏置时流动的电流。如第1章所述，这一内置的PN二极管在以电机为负载（电感负载）的电压逆变器中作为FWD运行。因此，这种内置二极管所要求具备的特性是在电流导通过程中的低电阻和反向恢复过程中的低损耗。MOSFET是单极器件，但上述内置PN二极管是双极工作，在电流导通过程中，空穴从P基极层注入N⁻漂移层，导致电流导通时电阻降低。不过，由于需要将注入的空穴和电子扫出因而反向恢复电流增大，结果导致反向恢复的损失增大。为了减少这种反向恢复损失，有一种方法被提出，即用电子束照射MOSFET，故意在半导体器件中产生缺陷，以促进电子和空穴复合[32, 33]。不过，这种方法也被发现会增加内置PN二极管的导通电阻，需要在导通电阻和反向恢复特性的折中特性内进行优化设计。此外，当MOSFET应用于电压型逆变器时，器件可能在内置二极管的反向恢复操作期间发生损坏。其原因是内置二极管反向恢复时产生漏极浪涌电压，这是由反向恢复期间产生的电流突然减少所伴随的大的$dI_r/dt$和逆变器电路中的杂散电感$L_{stray}$的乘积（$dI_r/dt \times L_{stray}$）造成的。因此，降低这种浪涌电压也是内置PN二极管必须实现的特性。

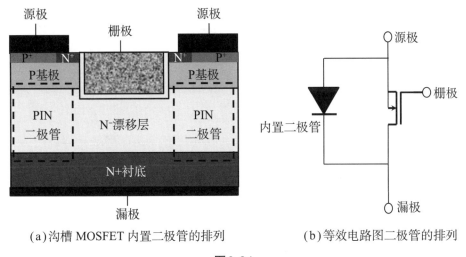

(a)沟槽 MOSFET 内置二极管的排列　　　(b)等效电路图二极管的排列

图2.31

作为同时改善内置二极管的3种特性的方法，一种内置肖特基势垒二极管（SBD）的MOSFET方案被提出[34]。然而，这种结构对于500～700V级别的高压MOSFET似乎不是很有效，因为二极管在电流导通时的电阻变得极大。此外，SJ-MOSFET很少被应用于电压驱动的逆变器，因为其内置二极管的反向恢复特性在反向恢复期间反向电流大，且伴随着较大的$dI_r/dt$。然而，也有一些方案通过将SJ-MOSFET与弥补这一缺点的辅助电路同时应用来解决这一问题[35]。

### 2.2.12　外围耐压区

如2.2.7节所述，在功率MOSFET的正向阻断状态下，在漏极和源极之间施加大的电压，并且半导体内部的电场超过一定的值时，就会发生雪崩击穿现象，不再有更大的电压施加到器件。前面讲解过，这个电压值被称为耐压。图2.32显示了实际的功率MOSFET的表面的照片。从该图中可以看出，功率MOSFET的表面有施加控制信号的栅极和源极，电流在该源极和照片未显示的背面的漏极之间流动。电流流经的区域被称为有源区。围绕着这个有源区和栅极，在器件外围存在一个环形区域，这个区域被称为外围耐压区，这里没有电流流动，这一区域只是保持源极和漏极之间施加的高电压。图2.32显示的是功率MOSFET的例子，IGBT与二极管相同，都内置了同样的外围耐压区。

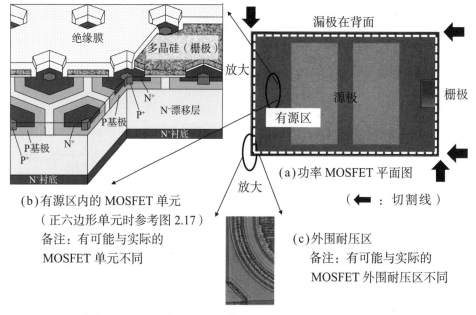

图2.32　功率MOSFET平面图以及有源区内单元和外围耐压区的布局示例

接下来解释为什么这种外围耐压区对功率器件是必要的。图2.33是没有外围耐压区的功率MOSFET器件上充满图2.1所示的单位单元时器件边缘的横截面以及正向阻断状态下的耗尽层扩散。

这种设计对功率MOSFET应该更有利，因为它能够配置更多的单元来承载电流，因此可以流过更大的电流。功率MOSFET被内置在硅晶圆中，一旦晶圆工艺完成，就会用一个特殊的"锯子"从硅晶圆中切出四边形的晶片，这称为切割工艺。在这一切割工序中，切割出的晶片的切割截面附近产生许多晶体缺陷。在这种情况下，如果MOSFET处于正向阻断状态，如图2.33所示，耗尽层会从源极

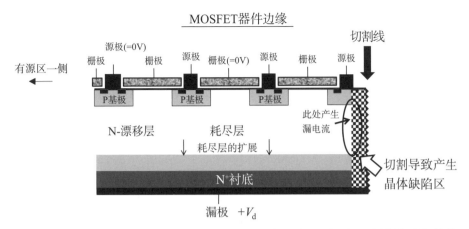

**图2.33** 没有外围耐压区的功率MOSFET器件施加正向耐压时耗尽层的扩散

一侧向漏极一侧扩散，覆盖晶体缺陷部分。从半导体理论中已经知道，当耗尽层在有晶体缺陷的地方扩散时，会以晶体缺陷为起点产生漏电流[36]，因此尽管不希望电流在正向阻断状态下流动，但还是会产生大量的漏电流流动，导致大的损失。此外，这种大量的漏电流还可能会导致晶片损坏。为了防止这种情况发生，设计时使耗尽层不会到达切割过程中产生的晶体缺陷部分即可。因此，如图2.34所示，在电流流动的有源区的单元和器件边缘之间不设置MOSFET单元并保持一定的距离，以使耗尽层不会扩散到晶体缺陷区。

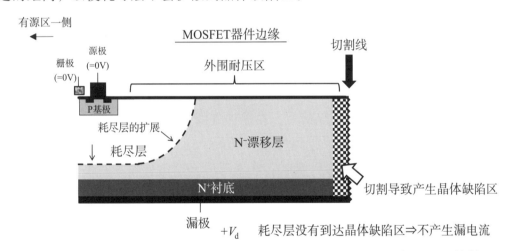

**图2.34** 具有外围耐压区的功率MOSFET器件施加正向耐压时耗尽层的扩散

这样，即使在正向阻断状态下，耗尽层也不会到达器件边缘的晶体缺陷区，上述产生漏电流的问题就解决了。

这种外围耐压区并不是说只提供一个不设置MOSFET单元的区域即可。如图2.35所示，在MOSFET和IGBT等实际的器件外围耐压区，通常使用热氧化工艺在 Si 上设置氧化膜（SiO$_2$）作为保护膜。众所周知，当通过热氧化过程形成 SiO$_2$ 时，在 Si 和 SiO$_2$ 之间的界面处带正电荷[10]。在这种情况下，当对背面漏极施加正的高电压时（正向阻断状态），N$^-$漂移层首先被耗尽并且产生正的施主离子 $N_D$。这里，在 Si/SiO$_2$ 界面，除了 N$^-$漂移层的施主离子 $N_D$ 外，还增加了界面的正电荷，使得正电荷等价增加。结果，如图所示，Si/SiO$_2$ 界面即外围耐压区的表面耗尽层的横向扩散被抑制，导致 Si/SiO$_2$ 界面处的电场强度上升，器件耐压下降。

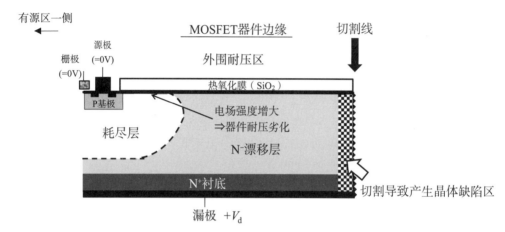

**图2.35** 功率MOSFET器件施加正向耐压时耗尽层的扩散
（在Si/SiO$_2$界面存在正电荷时）

　　为了防止这一器件表面的耐压劣化，功率MOSFET和IGBT在外围耐压区设置有保护环结构、场板结构和JTE（结点延伸）结构，特别是在Si/SiO$_2$界面附近进行了在横向扩大耗尽层的设计。从图2.32的平面图可以看出，在外围耐压区设置的上述P层，当从器件上面观察时，在器件外围呈环形排列，据说这就是"保护环"名称的由来。下面以保护环结构和场板结构为例加以说明。图2.36显示了外围耐压区的保护环结构的横截面。这种结构中，在有源区创建P基极层的同时，P层被配置在图中所示的位置。这意味着在保护环结构中不需要对P层进行特殊工艺处理。当正的高电压施加在漏极上时，如图所示，如果耗尽层到达P层的左边缘，由于P层中存在相同的电位，耗尽层将在下一瞬间扩散到P层的右边缘，耗尽层的扩散被促进。有时会在器件边缘（切割线）设置一个称为通道阻断层的N$^+$层。由于某种原因，Si/SiO$_2$界面附近的耗尽层在横向上扩散过多，为了防止其达到上述切割过程中产生许多晶体缺陷的区域，以停止耗尽层扩散为目的而设置了这一层。

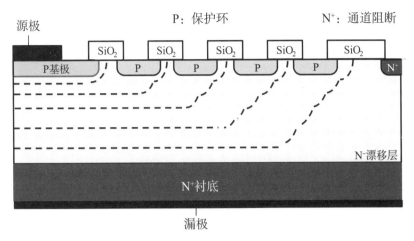

图2.36 保护环结构截面图

场板结构也是一种经常被作为外围耐压区设计而应用的结构。截面结构如图2.37所示。位于功率MOSFET有源区边缘的源极像屋檐一样延伸到作为保护膜沉积的SiO$_2$薄膜上，以便在正向阻断状态下削弱耗尽层横向扩散界面附近的电场强度。该图显示了有源区边缘的场板的效果，但也可以通过在上述P层保护环结构上方增加一个金属层作为场板来进一步扩大耗尽层的横向扩散方向。

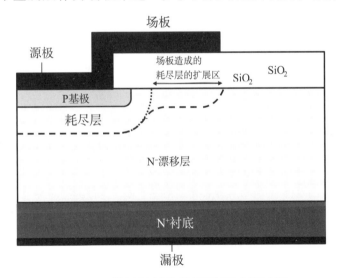

图2.37 设置场板的外围耐压区截面图

因此，增大Si/SiO$_2$界面电荷的存在引起的电场强度是保护环结构、场板结构和JTE结构的主要目的。在考虑整个MOSFET或IGBT器件的优化设计时，因为该外围耐压区是电流不流动的区域，所以必须尽可能地将其减小以降低器件成本。但是，需要通过在横向上主动扩散耗尽层来防止耐压降低，如何在较小的外围耐压区内确保包括长期可靠性在内的器件耐压特性是功率器件设计中的要点。

# 参考文献

［ 1 ］株式会社富士経済. マーケット情報: 低消費電力・高効率化の実現に向け量産化の動きが本格化している次世代パワー半導体の世界市場を調査. https://www. fuji-keizai. co. jp/market/, 2018年3月9日.

［ 2 ］T. Fujihira. Theory of semiconductor superjunction devices. Japanese Journal of Applied Physics, 1997, 36(10): 6254-6262.

［ 3 ］G. Deboy, M. März, J.-P. Stengl, H. Strack, J. Tihanyi, H. Weber. A new generation of high voltage MOSFETs breaks the limit line of silicon. IEEE IEDM Tech. Dig. 1998, 683-685.

［ 4 ］Infineon CoolMOSTM P7. https://www. infineon. com/cms/jp/product/power/mosfet/, 2019年2月25日.

［ 5 ］東芝デバイス&ストレージ株式会社. 400V-900V MOSFET. https://toshiba. semicoN⁻storage. com/jp/product/mosfet/, 2019年2月25日.

［ 6 ］山上倖三, 赤桐行昌. トランジスタ. 特公昭47-21739. 1972年6月19日.

［ 7 ］H. W. Becke, C. F. Wheatley, Jr. Power MOSFET with an anode region. U. S. Patent 4364073. 1982.

［ 8 ］川畑潤也, 百瀬文彦, 小野澤勇一. 第7世代「X シリーズ」IGBT モジュール. 富士電機技報, 2015, 88(4): 254-258.

［ 9 ］K. Satoh, T. Iwagami, H. Kawafuji, S. Shirakawa, M. Honsberg, E. Thal. A new 3A/600V transfer mold IPM with RC (Reverse Conducting)-IGBT. Proc. PCIM Europe, 2006, 73-78.

［10］B. J. Baliga. Fundamentals of Power Semiconductor Devices. New York: Springer, 2008.

［11］L. Lorentz, M. März. CoolMOSTM-A new approach towards high efficiency power supplies. Proc. PCIM Europe, 1999, 25-33.

［12］A. Lidow, T. Herman. Process for manufacture of high power MOSFET with literally distributed high carrier density beneath the gate oxide. U. S. Patent, No. 4593302, 1986.

［13］B. J. Baliga. Power semiconductor device figure of merit for high frequency application. IEEE Electron Device Lett, 1989, 10(10): 455-457.

［14］B. J. Baliga. Advanced Power MOSFET Concepts. New York: Springer, 2010.

［15］D. Ueda, H. Takagi, , G. Kano, . A new vertical power MOSFET structure with extremely reduced on-resistance. IEEE Trans. Electron Devices, 1985, 32(1): 2-6.

［16］M. A. : Gajda, S. W. Hodgkiss, L. A. Mounfield, N. T. Irwin, G. E. J. Koops, R. van Dalen. Industrialisation of Resurf Stepped Oxide Technology for Power Transistors. Proc. Int. Symp. Power Semiconductor Device ICs, 2006, 109-112.

［17］J. A. Appels, H. M. J. Vaes. High voltage thin layer devices (RESURF devices). IEEE IEDM Tech., Dig, 1979, 228-241.

［18］C. Park, S. Havanur, A. Shibib, K. Terrill. 60V Rating Split Gate Trench MOSFETs Having Best-in-Class Specific Resistance and Figure-of Merit. Proc. Int. Symp. Power Semiconductor Device ICs, 2016, 387-391.

［19］T. Kobayashi, H. Abe, Y. Niimura, T. Yamada, A. Kurosaki, T. Hosen, T. Fujihira. High-voltage power MOSFETs reached almost the silicon limit. Proc. Int. Symp. Power Semiconductor Device ICs, 2001, 435-438.

［20］D. J. Coe. High voltage semiconductor devices. European Patent 0053854, 1982.

［21］D. J. Coe. High voltage semiconductor device. U. S. Patent 4754310, 1988.

［22］T. Fujihira, Y. Miyasaka. Simulated superior performances of semiconductor superjunction devices. Proc. Int. Symp. Power Semiconductor Device ICs, 1998, 423-426.

［23］F. Udrea, G. Deboy, T. Fujihira. Superjunction power devices, history, development, and future prospects. IEEE Trans. Electron Devices, 2017, 64(3): 713-727.

［24］Y. Onishi, S. Iwamoto, T. Sato, T. Nagaoka. K. Ueno, T. Fujihira. 24mΩ cm$^2$ 680V silicon superjunction MOSFET. Proc. Int. Symp. Power Semiconductor Device ICs, 2002, 241-244.

［25］J. Sakakibara, Y. Noda, T. Shibata. 600 V-class super junction MOSFET with high aspect ratio p/n columns structure. Proc. Int. Symp. Power Semiconductor Device ICs, 2008, 299-302.

［26］ R. van Dalen, C. Rochefort. Electrical characterization of vertical vapor phase doped (VPD) RESURF MOSFET. Proc. Int. Symp. Power Semiconductor Device ICs, 2004, 451-454.

［27］ T. Nitta, T. Minato, M. Yano, A. Uenishi, M. Harada, S. Hine. Experimental results and simulation analysis of 250 V super trench power MOSFET (STM). Proc. Int. Symp. Power Semiconductor Device ICs, 2000, 77-80.

［28］ Y. Miura, H. Ninomiya, K. Kobayashi. High performance superjunction UMOSFETs with split p-columns fabricated by multi-ion implantations. Proc. Int. Symp. Power Semiconductor Device ICs, 2005, 39-42.

［29］ P. M. Shenoy, A. Bhalla, G. M. Dolny. Analysis of the effect of charge imbalance on the static and dynamic characteristics of the super junction MOSFET. Proc. Int. Symp. Power Semiconductor Device ICs, 1999, 99-102.

［30］ W. Saito. Theoretical limits of superjunction considering with charge imbalance margin. Proc. Int. Symp. Power Semiconductor Device ICs, 2015, 125-128.

［31］ G. Deboy. Si, SiC and GaN power devices: An unbiased view on key performance indicators. IEEE IEDM Tech., Dig., 2016, 532-535.

［32］ B. J. Baliga, J. P Walden. Improving the Reverse Recovery of Power MOSFET Integral Diodes by Electron Irradiation. Solid State Electronics, 1983, 26: 1133-1141.

［33］ M. Schmitt, H.-J. Schulze, A. Schlogl, A. Vosseburger, A. Willmeroth, G. Deboy, G. Wachutka. A Comparison of Electron, Proton and Helium Ion Irradiation for the Optimization of the CoolMOS Body Diode. Proc. Int. Symp. Power Semiconductor Device ICs, 2002, 229-232.

［34］ K. Shenai, B. J. Baliga. Monolithically Integrated Power MOSFET and Schottky Diode with Improved Reverse Recovery Characteristics. IEEE Trans. Electron Devices, 1990, 37(4): 1167-1169.

［35］ 餅川宏, 津田純一, 児山裕史. 住宅向け太陽光発電用パワーコンディショナに適した高効率インバータ回路方式". 東芝レビュー, 2012, 67(1): 26-29.

［36］ S. M. Sze. Physics of Semiconductor Devices. New York: John Wiley & Sons, 1981.

第3章
# 硅IGBT

# 3.1 简 介

比较前一章中讲述的功率MOSFET（图2.1）和将在第3章中讲解的IGBT的截面结构（图3.1），看起来它们的结构几乎完全相同，唯一的区别是，功率MOSFET的硅衬底的导电类型是N型，而IGBT是P型，这对IGBT的普及是非常有利的。功率MOSFET是在IGBT诞生前几年开发和制造的，因为它的驱动功率低，易于使用，并且具有高速开关的特点，所以市场不断扩大。然而，在500V耐压等级及以上的中高压应用中，功率MOSFET的缺点已经变得很明显，因为必须加厚N⁻漂移层，这样就导致更高的导通电阻。在这种情况下，使用类似于MOSFET的简单的驱动电路，衬底为P型的双极动作的低导通电阻IGBT便有了用武之地。这不仅对作为设备用户的电力电子工程师有好处，而且对作为制造商的电力设备工程师也有好处。也就是说，通过简单地将用于制造IGBT的硅晶圆衬底的极性从N型更换为P型，就可以快速生产出一种具有低导通电阻的新型IGBT器件，而且不需要对原有的MOSFET生产线进行太多的新投资。

因此，具有低导通电阻，器件不易损坏，驱动功率低，几乎不需要对MOSFET制造设备进行新的投资的IGBT诞生了。然而，IGBT在发布时因为导通电阻高于双极型晶体管而没有得到普及，但是沿袭MOSFET的特性改善技术，通过将表面单元小型化，特别是P基极层小型化，IGBT的导通电阻大幅降低，在600V级别中，它超过了20世纪90年代初的达林顿双极型晶体管。因此，IGBT在600～1200V级别中得到了广泛的普及，并在功率器件中占据了主导地位。在本章中，将讨论硅IGBT。

# 3.2 基本单元结构

图3.1显示了IGBT的横截面图及其等效电路。其截面结构几乎与前一章所述的MOSFET相同（图2.1），唯一的区别是IGBT的底部的衬底导电类型是P型。IGBT和功率MOSFET一样，必须承受更大电流和高电压，因此发射极和集电极垂直排列将半导体夹在中间，是一种栅极用氧化膜绝缘的晶体管结构。开发初期的IGBT是使用高浓度P型杂质的衬底上具有N型外延生长层的硅晶圆制成的。衬底的杂质浓度约为$1.0 \times 10^{20}$cm$^{-3}$，高浓度，低电阻，厚度达350μm以上。其上形成的N型外延层的浓度和厚度根据设计的IGBT的耐压而有很大差异。例如1200V级的IGBT，其浓度约为$6.0 \sim 8.0 \times 10^{13}$cm$^{-3}$，厚度约为100μm。然后通过离子注入和热处理在N型外延层中形成N⁺发射极层（源极层）和P基极层。此时，在形

成栅极氧化膜和栅极多晶硅层后，用上述的自对准工艺以栅极多晶硅层为掩模形成N⁺发射极层（源极层）和P基极层。

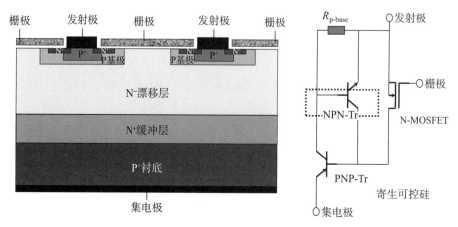

图3.1　IGBT横截面结构图（PT结构）和等效电路

　　然后IGBT经过了与前一章中描述的DMOSFET相同的工艺而完成。从截面结构和用于制造它的工艺的比较中可以看出，IGBT与MOSFET有许多共同之处，可以说IGBT商业化的门槛很低，然而，它们的工作却大不相同。

## 3.3　IGBT的诞生

　　20世纪80年代初，GTO晶闸管和双极型晶体管是高耐压大电流自控型功率器件的主流。特别是双极型晶体管当时具有较宽的安全工作范围，并且负载短路承受能力大，因此被应用于以电压型逆变电路为中心的各种电力电子电路。另一方面，随着上一章所述的MOSFET开始应用于低耐压和小电容领域，它们的高性能和易用性导致了对功率器件的需求不断增加，这些器件在高耐压和大电流应用中表现出了低导通电阻的特性以及与MOSFET相当的易用性。在这种背景下，IGBT应运而生，它的结构是MOSFET和双极型晶体管级联在一起，为电压驱动型，表现出常闭特性，并且具有表现出电流饱和特性的低导通电压特性。最初的IGBT结构是在1968年提出申请并在1972年获得专利批准的[1]。在20世纪70年代末和80年代初，几个研究小组通过科学论文和专利进行了发表。Scharf和Plummer等人使用了水平MOS门晶闸管结构，并阐明晶体管工作发生在晶闸管闩锁之前[2]，另外B.J.Baliga使用了一个垂直MOS门晶闸管结构，并通过实验表明它在低$V_{ge}$条件下表现出电流饱和特性[3]。这意味着，尽管有MOS栅极晶闸管结构，但在低$V_{ge}$条件下，是以晶体管形式工作的。J.D.Plumme也解释了水平MOS晶闸管的晶体管运行机制[4]。H.W.Becke等人提出了一项专利申请，即在任何工作条件下都不会闩锁而能够进行PNP晶体管工作的MOS栅极器件，该申请于1982年获得批准[5]。基于这项专利，J.P.Russel等人在1983年发表了一篇关于新型MOSFET的论文，即《COMEET（CONDuctivity-Modulated FET）》[6]。B.J.Baliga在1982年发表了IGR（绝缘栅整流器）的原型评估结果论文，其截面结构如图3.2所示。

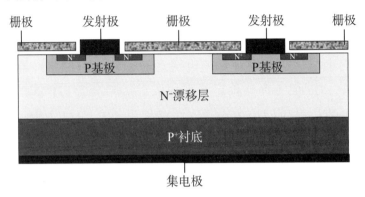

图3.2 绝缘栅整流器(IGR)的横截面

这一论文表明IGR中的寄生晶闸管在运行时不会发生闩锁[7]。然后，1983年，美国通用电气公司发布了IGBT产品"power-MOSIGBT D94FQ4，R4"[8,9]。然而，当时发表的这些器件的寄生晶闸管的抗闩锁性能很低，在实际使用中存在问题。1984年，中川等人公布的非闩锁结构大大改善了抗闩锁性能[10,11]。非闩锁结构的特点是在N$^+$发射极层下有一个高浓度的P$^+$层，N$^+$发射极层在深度方向上排列在单元上，如图3.3所示，从而创造了现在的IGBT的原型。

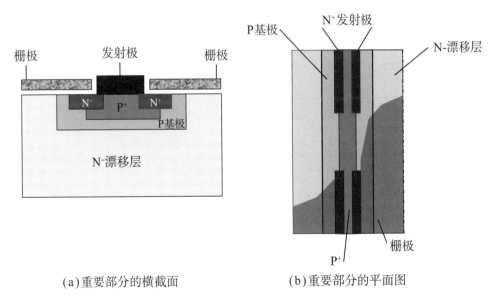

(a)重要部分的横截面　　　　　(b)重要部分的平面图

图3.3 非闩锁结构（高浓度P$^+$层和部分沿深度方向排列的N$^+$发射极层）

## 3.4 电流−电压特性

IGBT的电流−电压特性如图3.4所示。在栅极和发射极短路（$V_{ge} = 0V$）状态下，对集电极施加正电压，也没有电流流动。这是因为，与上一章所述的MOSFET一样，由于没有形成反型层，没有电子从发射极流过$N^+$发射极层，处于所谓的正向阻断状态。如果直接增加施加在集电极上的正电压，则在达到一定电压时电流突然流动，不能施加更高的电压，这一集电极电压称为耐压，是由于半导体内部发生的雪崩击穿现象使电流迅速流动。例如，在器件额定电压为1200V的IGBT，由雪崩击穿所确定的耐压设计为略高于1200V的值。接下来，考虑在栅极上施加正电压的情况。当大于阈值电压$V_{th}$的电压施加在栅极上时，IGBT形成一个反型层，发射极导通。

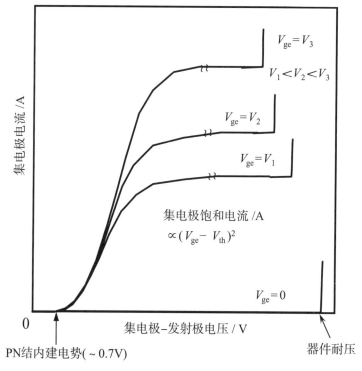

**图3.4 IGBT的电流−电压特性**

如图3.4所示，栅极电压$V_{ge} > V_{th}$的状态，正电压加在集电极上时电流导通。一般来说，IGBT的栅极阈值电压$V_{th}$设定在$4 \sim 6$V，略高于室温（25℃）下的MOSFET。IGBT通常设定有一个额定电流，即可以安全使用的电流，该电流所需的集电极−发射极电压被称为"导通电压"。这与功率MOSFET的"导通电阻"相同，可以说具有低导通电压的IGBT是理想的选择。

当在$V_{ge}>V_{th}$的状态下向集电极施加正电压时，电子首先从发射极和$N^+$发射极层通过形成在MOSFET部分中的反型层流向$N^-$漂移层。然后，这些电子被施加到集电极的正电压吸引并流向集电极。这些流动的电子使$N^-$漂移层和集电极上的$P^+$层形成的PN结正向偏置，结果导致空穴通过集电极和$P^+$集电极层被注入$N^-$层。注入的空穴流向发射极，并从$N^-$漂移层通过P基极层到达发射极。也就是说，与上一章的功率MOSFET不同，IGBT不仅允许带负电的电子流动，也允许带正电的空穴流动，这是IGBT最大的特点，MOSFET只使用电子来传导电流，而IGBT使用电子和空穴来传导电流。这就是为什么MOSFET被称为单极器件，而IGBT被称为双极器件。结果可以看出，图3.4所示的IGBT的电流–电压特性与MOSFET不同。对于IGBT，直到集电极–发射极电压达到约0.7V之前，几乎没有电流流动，然后当集电极–发射极电压进一步增加时，电流快速流动。硅PN结之间的内建电势（built-in potential）随杂质浓度和温度而变化，但在室温下约为0.7V，在集电极上施加一个高于该内建电势的电压，电流就开始在IGBT中流动。之后，如果继续增加施加在集电极上的正电压，从$P^+$集电极层注入$N^-$漂移层的空穴数量增加，同时伴随着来自$N^+$发射极层的电子也增加，最终电子和空穴都超过了$N^-$漂移层的杂质浓度$N_D$，导致$N^-$漂移层的电阻迅速下降，大电流流过。如图3.1中的等效电路所示，IGBT由一个N沟道MOSFET和一个宽基极PNP晶体管级联而成。换句话说，IGBT是由N沟道MOSFET提供基极电流的宽基极PNP晶体管。IGBT是电压驱动型器件，对栅极施加高于阈值电压$V_{th}$的栅极电压，通过经由栅极氧化膜的电荷的充放电来实现开关，当施加高集电极电压时，具有电流饱和特性。

## 3.5 集电极–发射极间的耐压特性

图3.5是在IGBT的集电极上施加高电压状态（正向阻断状态）下的电场分布和耗尽层扩散的示意图。与功率MOSFET一样，IGBT的集电极和发射极之间的耐压特性是由P基极层和$N^-$漂移层形成的PN结的反向偏置特性或栅极和$N^-$漂移层构成的MOS电容的耐压决定的。但在硅IGBT的情况下，通常是由P基极层和$N^-$漂移层形成的PN结的反向偏置特性来决定正向耐压的。另一方面，当对集电极施加负的高电压时（反向阻断状态），$N^-$漂移层和$P^+$集电极层的反向偏置特性使得在反向上能够保持一个大的电压。然而，如图3.1所示，实际的IGBT产品通常在$N^-$漂移层和$P^+$集电极层之间插入一个高杂质浓度的$N^+$缓冲层，以实现低导通电压特性。因此，几乎没有在反向阻断状态下表现出高耐压特性的IGBT。

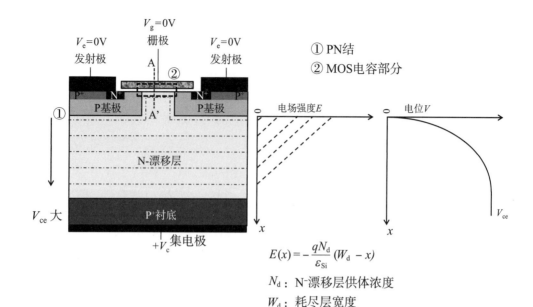

$$E(x) = -\frac{qN_d}{\varepsilon_{Si}}(W_d - x)$$

$N_d$：N⁻漂移层供体浓度

$W_d$：耗尽层宽度

$\varepsilon_{Si}$：硅的介电常数

图3.5　IGBT正向阻断状态下的耗尽层扩散和PN结电场分布

图3.1中所示的带有N⁺缓冲层的结构被称为穿通（PT）结构[12]，没有N⁺缓冲层的结构被称为非穿通（NPT）结构[13]（见图3.6）。这里，在图3.5和3.6所示的非穿通IGBT的耐压设计中必须注意一些问题。当正的高电压被施加到集电极上时，如图3.5所示，耗尽层在N⁻漂移层中扩散。如果N⁻漂移层中的杂质浓度过低或厚度不够，扩散到N⁻漂移层的耗尽层就会到达P⁺集电极层，即所谓的穿通状态，空穴就会从P⁺集电极层流到耗尽层中。也就是说，电流在PN结的雪崩击

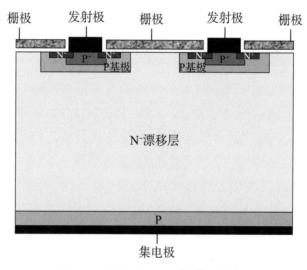

图3.6　非穿通IGBT横截面结构

穿发生之前流过，从而使器件耐压劣化。因此，要么增加具有非穿通结构的$N^-$漂移层的浓度，要么增加$N^-$漂移层的厚度，或者如前面所述，在$N^-$漂移层和$P^+$集电极层之间插入$N^+$缓冲层，即形成穿通结构，采用由雪崩击穿确定器件耐压的方法。

## 3.6　IGBT的开关特性

IGBT可以看成由N沟道MOSFET提供基极电流的宽基极PNP晶体管。这使得IGBT由于其双极工作而具有比MOSFET更低的导通电阻，因此即使作为高耐压器件也能导通大电流。图3.7显示了穿通IGBT（PT-IGBT）在电流导通状态下器件中的电子和空穴密度分布。该图还显示了每层中的杂质分布。通过从$P^+$集电极层向$N^-$漂移层注入空穴，使$N^-$漂移层包含远高于杂质浓度$N_D$的电子和空穴，根据器件的设计条件不同，其浓度甚至可以达到$N^-$漂移层中的杂质浓度$N_D$的数百倍以上，这样在低导通电压条件下也能够导通大电流。为了使这种处于电流导通状态的IGBT进入没有电流流动的关断状态，有必要通过短路栅极和发射极等方法，将栅极电压$V_{ge}$降低到阈值电压$V_{th}$以下。这样可以消除在P基极表面形成的反型层，使从$N^+$发射极层向$N^-$漂移层提供的电子的流动停止。

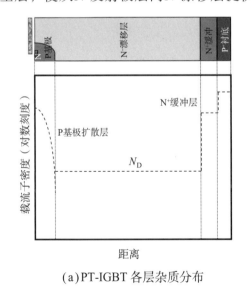

(a) PT-IGBT 各层杂质分布

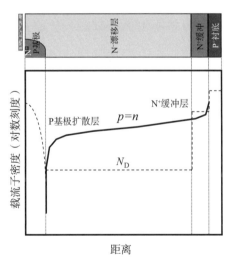

(b) 宽基极 PNP 晶体管中
电流导通过程中的电子 / 空穴分布

图3.7

这是使IGBT从导通状态过渡到关断状态的第一步。此后，必须要做的是，在电流导通状态下积蓄在$N^-$漂移层中的电子和空穴，通过向集电极施加高电压而扩散的耗尽层，被从N⁻漂移层中扫出到器件外，然后使电子和空穴复合，并迅速消除它们。换言之，可以毫不夸张地说，IGBT的开关特性是由器件中积聚的高浓度电子和空穴在电流导通时被扫出或复合消失的速度决定的。在xEV的电机驱动逆变器中，IGBT从开到关的时间通常需要小于0.5μs的极快的开关操作，这就需要用电子束等照射IGBT，以促进电子-空穴复合[14]。这种电子束照射过程等促进电子-空穴复合的过程有时被称为寿命抑制（lifetime killer）过程。这种寿命抑制过程加快了开关速度，但在电流导通过程中增加了导通电压。这意味着在开关特性和导通电压之间存在折中关系。开发IGBT的本质是如何同时改善具有折中关系的导通电压和开关特性。以穿通式IGBT结构为例，通过优化寿命抑制过程和N⁺缓冲层，来改善其折中特性。

下面用图3.8来解释寿命抑制。寿命抑制是指通过故意在硅带隙内形成能级，促进电子和空穴的复合的技术，可以通过添加重金属，如Au（金）或Pt（铂），或通过照射上述的电子束或质子等带电粒子而形成。这项技术是专门针对具有厚N⁻漂移层的高压功率器件的，并且其机制只适用于具有双极操作的器件。能级越深（接近中间能隙的能级），电子-空穴复合就越容易发生，可以实现更快的开关特性（但有更高的导通电压特性）。另一方面，如果对PN结施加反向偏压，并且耗尽层延伸到N⁻漂移层，该捕获能级就会作为载流子生成层发挥作用，导致漏电流增加。

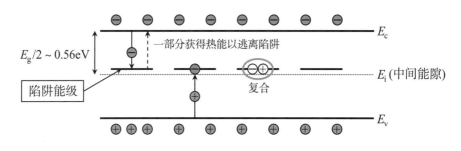

图3.8　显示通过捕获能级的电子-空穴复合现象的概念图

接下来，使用xEV的电机控制的电感负载电路（见图3.9）来说明IGBT的导通特性和关断特性。

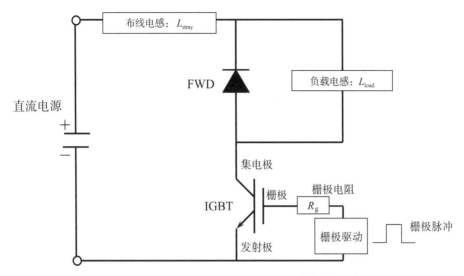

**图3.9** 连接有IGBT和FWD的电感负载电路

## 3.6.1 导通特性

图3.10显示了IGBT电感负载电路中的开关波形。首先，当IGBT导通时，集电极电流迅速上升，电流持续流通，直到达到由负载电流和续流二极管（FWD）的反向恢复电流之和所确定的峰值电流。然后IGBT进入导通状态，并导通一个几乎恒定的集电极电流。当IGBT进入关断状态时，集电极电流逐渐减少，此时，由于器件中积累的电子和空穴复合并被扫出，集电极电流完全为零。

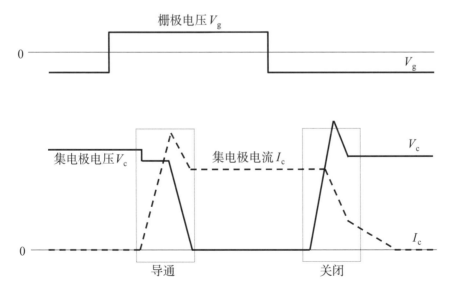

**图3.10** 连接电感负载时的IGBT开关波形

图3.11显示了导通期间电流和电压波形的细节。

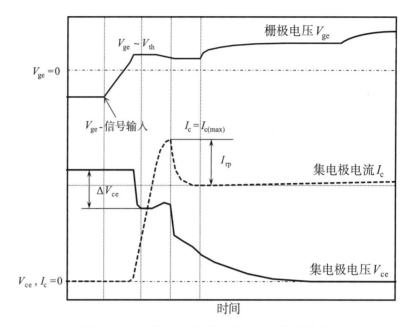

图3.11　连接电感负载时的IGBT导通波形

图3.12(a) ~ (c)显示了此时器件中电子和空穴分布以及电场分布的变化。图3.12所示的电子和空穴分布是根据二维器件模拟的结果绘制的。在IGBT导通

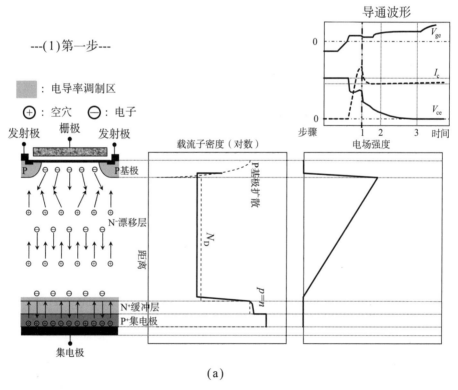

(a)

图3.12　IGBT电子和空穴分布以及电场分布变化示意图

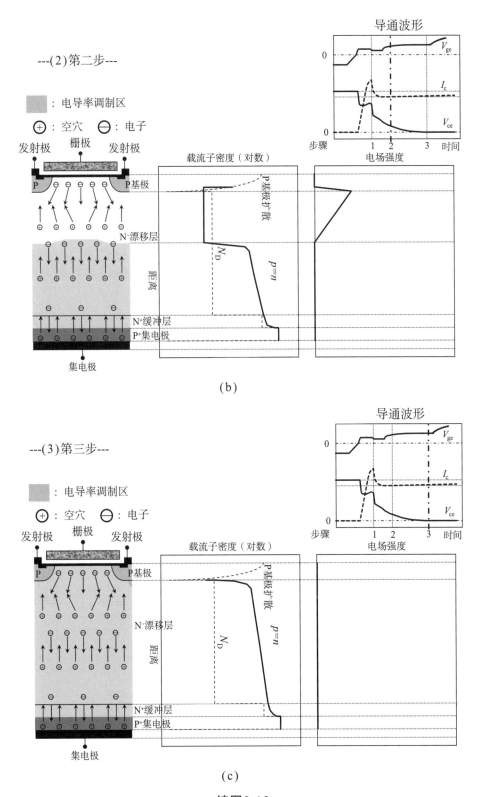

续图3.12

之前，电流在FWD中导通。当一个正电压作为导通信号被施加到这里的栅极上时，由于IGBT的电容分量和栅极电阻$R_g$的影响，栅极电压$V_{ge}$上升得相对缓慢。当栅极电压$V_{ge}$超过栅极阈值时，IGBT开始工作，集电极电流开始上升。

由图3.12可知，与第2章中讲述的MOSFET导通期间的电流导通机制相比，除了有无来自背面$P^+$集电极层的少数载流子注入外，其余相同。在此情况下，高集电极电压仍然施加于IGBT，这意味着同时施加了高电流和高电压。这时，可以看到集电极电压略低于输入电源电压（图中的$\triangle V_{ce}$），这相当于由导通时集电极电流的$dI_c/dt$和电路的杂散电感$L_{stray}$的乘积决定的电压降。然后IGBT的集电极电流上升到与负载电流和FWD的反向恢复电流的峰值之和相对应的电流，之后集电极电流下降到负载电流。与此同时，集电极电压开始下降，几乎下降到导通电压$V_{ce(sat)}$。此后，$V_{ge}$上升，直到栅极电流继续流动（即直到栅极电源电压和栅极之间存在电位差），IGBT的导通完成。从以上可以看出，为了减少IGBT的导通损耗，缩短高电压和大电流同时流动的时间是有效的，具体来说就是缩短导通时集电极电压下降的时间，以及减少FWD的反向恢复电流。正如前一章对MOSFET的描述，作为缩短集电极电压下降时间的方法，设计具有小反馈电容$C_{rss}$的IGBT是有效的。

### 3.6.2　关断特性

关断时的电流和电压波形如图3.13所示。

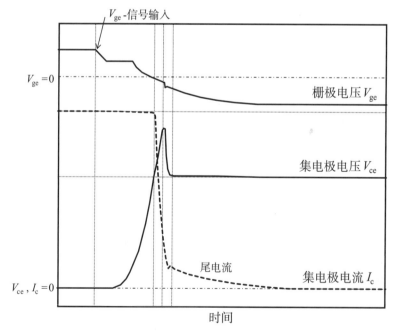

图3.13　连接电感负载时的IGBT关断波形

器件中电子和空穴分布的变化以及电场分布如图3.14所示。当一个负电压作为关断信号施加到栅极上时，由于IGBT的电容成分和栅极电阻$R_g$的影响，栅极$V_{ge}$开始缓慢下降。此时，因为IGBT连接到了电感负载，所以集电极电流$I_c$即使在栅极电压下降后仍然继续流动，同时保持通态电流值。然后，即使在栅极电压$V_{ge}$低于阈值电压$V_{th}$时，该集电极电流仍试图通过操作寄生的PNP晶体管继续流动。这时，使该PNP晶体管工作的基极电流已不再由MOSFET提供。这可以从栅极电压$V_{ge}$低于阈值电压$V_{th}$的事实看出。此时支持PNP晶体管工作的基极电流是集电极电压$V_{ce}$的上升导致耗尽层膨胀而从N⁻漂移层被扫出到集电极一侧的电子。之后，当集电极电压$V_{ce}$达到电源电压时，与负载电感L并联的二极管导通。因此，流经IGBT的电流迅速减少，随着存储在器件中的电子和空穴的复合，电流拖尾并逐渐减小，最后达到零（称为尾电流）。降低IGBT关断过程中产生的损耗的关键是如何降低施加高电压期间的尾电流，以及如何缩短关断周期。

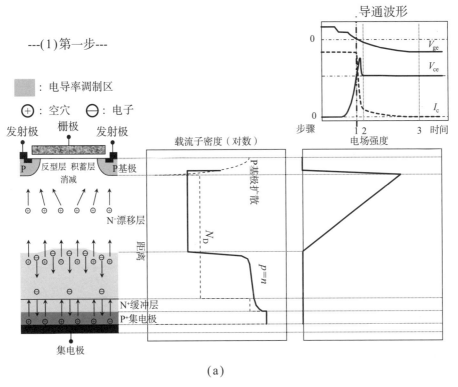

图3.14 IGBT电子和空穴分布以及电场分布变化示意图

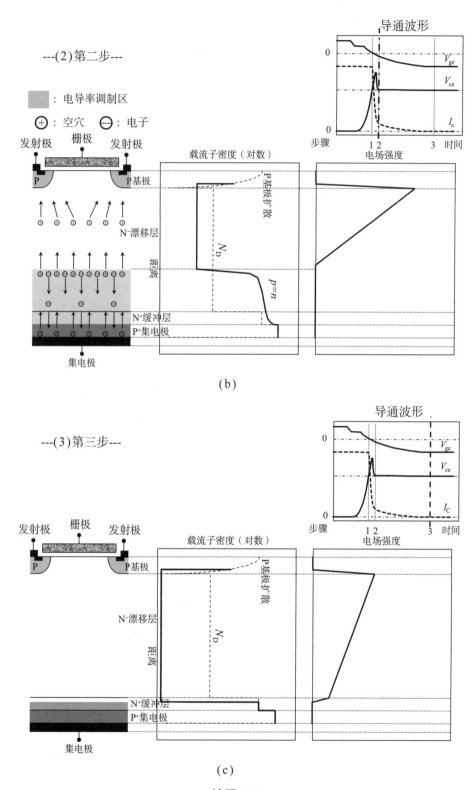

(b)

(c)

续图3.14

# 3.7 IGBT的破坏耐量（安全工作区域）

在IGBT的特性中，实现高破坏耐量与低导通电压特性和高速开关特性相同，都是极其重要的。特别是随着近年来汽车电动化的普及，例如，在汽车行驶过程中IGBT损坏可能成为危及生命的严重事件。这里，将就IGBT的破坏耐量进行说明。如3.3节所述，IGBT损坏的原因是大电流流过时寄生晶闸管的闩锁。此外，当集电极和发射极之间施加大电压时发生的雪崩击穿现象也是IGBT损坏的另一个原因。例如，在xEV电机驱动控制应用中，IGBT最脆弱的两种工作模式是在IGBT关断期间（当高电流和高电压同时被施加时）和在负载短路期间。本节将分别讨论这些问题。

## 3.7.1 IGBT关断时的破坏耐量

IGBT产品有一个"安全工作区"，它表示了IGBT在关断时能够安全地关断而不发生损坏的电压和电流范围，这个在IGBT关断时的安全操作区域被称为反向偏置安全工作区（RBSOA）。目前市场上销售的大多数IGBT能够保证在额定电压范围内可以关断两倍的额定电流，其安全工作区域如图3.15所示，当横轴为集电极电压，纵轴为集电极电流时，安全工作区的形状用矩形表示。用于评估该RBSOA的电路一般是图3.9所示的电感负载电路，该电路假设有电机负载。然而，IGBT器件的实际RBSOA能力被设计得比这个矩形更大。可以关断的最大电流由不发生闩锁的最大电流决定，而可以施加的最大电压由雪崩击穿电压决定。也就是说，如3.3节所述，最大电流是由器件表面的寄生NPN晶体管结构决定的，因此几乎不依赖于集电极电压$V_{ce}$。另一方面，雪崩击穿电压高度依赖于集电极电流来关断。当集电极电流为零时，雪崩击穿电压与3.5节所述的集电极–发射极之间的耐压相同。然而，随着关断电流的增加，如图3.14(a)所示，当施加高电压时，空穴会在耗尽层中导通。这意味着，当集电极电流关断时，耗尽层中除了电离供体浓度$N_D$外，还存在空穴漂移电流部分的空穴密度$p$。换句话说，耗尽层中的正电荷增加，相当于N⁻漂移层中的供体浓度$N_D$高的情况。因此，当施加集电极电压$V_{ce}$时，耗尽层宽度$W_d$为：

$$W_d = \sqrt{\frac{2\varepsilon_{Si}V_{ce}}{q(N_D+p)}} \tag{3.1}$$

其中，$p$是在耗尽层中流动的空穴浓度，$V_{ce}$是施加的集电极电压，$N_D$是N⁻漂移层中的供体浓度。换句话说，在电流导通过程中，耗尽层的扩散被空穴浓度$p$所抑制，导致雪崩击穿电压降低。综上所述，IGBT器件的RBSOA能力如图3.15所示。实际上，有必要考虑到由于IGBT关断期间产生的热量而导致的温度上升，但考虑到最近的IGBT关断时间最多为500ns，因此可以认为基本符合该图所示。

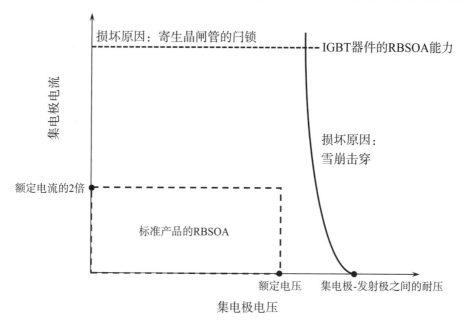

**图3.15**　IGBT关断时的安全工作区

## 3.7.2　IGBT负载短路时的破坏耐量

如果连接到IGBT的负载由于某种原因短路的话，直流高压电就会突然施加到IGBT上，由于栅极是导通的，大的集电极电流就会在瞬间流过。IGBT即使在施加高集电极电压时也具有电流饱和特性，因此集电极电流被抑制在一定值以下。在这种情况下，IGBT要承受高电压和高电流的高负荷，要尽可能在最短的时间内将其消除。从发生负载短路到能够安全地切断电流而不损坏IGBT的时间称为负载短路耐量，对于现在的产品来说，一般可以保证10μs（@125℃）。图3.16显示了在典型的负载短路过程中测量负载短路耐量和电流波形的电路。

许多关于IGBT在负载短路下的失效机制分析的论文已经发表[15~17]，并进行了详细的分析。在本节中，用图3.17对IGBT负载短路期间的损坏机制进行说明。

（1）闩锁破坏：寄生晶闸管因闩锁而损坏的模式，在最新的IGBT中，寄生晶闸管的闩锁耐受能力足够大，在此期间不太可能被破坏。

（2）雪崩破坏：负载短路时，由于从P集电极层的空穴注入，引起集电极

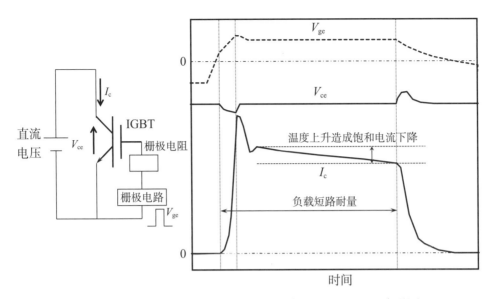

图3.16　IGBT负载短路耐量测量电路及电流和电压波形图

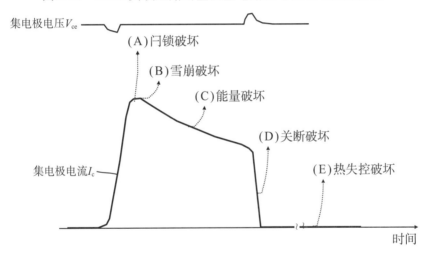

图3.17　IGBT负载短路时的电流/电压波形及破坏机理

层一侧的电场强度增加，导致雪崩击穿，引起损坏，是一种在低注入效率设计的IGBT中出现的故障模式。

（3）能量破坏：在这种模式下，由于负载短路期间高电压和高电流产生的能量，使器件中的温度上升，最终导致热失控的破坏，是一种能够经常观察到的破坏模式。

（4）关断破坏：雪崩击穿是由集电极电流关断产生的$\mathrm{d}I_c/\mathrm{d}t$与布线的杂散电感$L_{\mathrm{stray}}$的乘积所产生的反电动势引起的一种模式，可以通过增加栅极电阻和降低$\mathrm{d}I_c/\mathrm{d}t$来避免。

（5）热失控破坏：负载短路时器件内部的温度因能量而升高，再加上关断后因热扩散导致漏电流增加，最后因热失控而产生损坏的模式，是在薄晶圆IGBT中出现的破坏模式。

由于建立了先进的设计技术，最新的IGBT器件结构几乎不会因闩锁破坏、雪崩破坏和关断破坏而损坏。相反，大多数都是因能量破坏和热失控破坏造成损坏。由于这两种破坏模式是由高电压和大电流导通时产生的能量引起的，因此需要防止大电流流入器件，即提高导通电压以增强抗损坏能力。结果，在IGBT中，导通电压特性和负载短路耐量之间建立了折中关系。

## 3.8　IGBT的单元结构

如图3.1所示，寄生晶闸管存在于IGBT的集电极–发射极之间。众所周知，一旦这些寄生晶闸管闩锁，IGBT就会失去其栅极控制能力并被破坏。为了防止这种闩锁，人们提出了诸如引入图3.3所示的高浓度P+层的结构，IGBT的破坏耐量得到了极大的改善。在上一章描述的MOSFET中，我们注意到四边形和六边形单元是单元设计的主流，这是因为它们的总沟道宽度大，而且导通电阻小。然而，IGBT的单元设计时，这些适用于MOSFET的单元设计当中寄生NPN晶体管很容易工作，有可能轻易发生上述闩锁的情况[18]。这是因为，如图3.18所示，从集电极流出的空穴电流容易集中在四边形或六边形的角部，以该点为起点容易

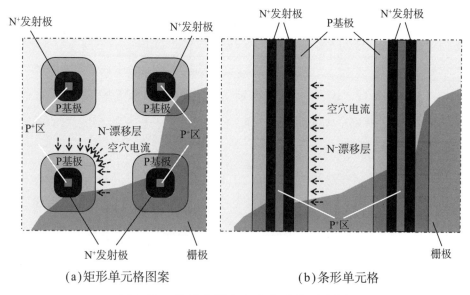

(a)矩形单元格图案　　　　　　　　(b)条形单元格

**图3.18**　单元布局和空穴电流的示意图

发生闩锁。出于这个原因，IGBT通常采用柱形，其中单元在深度方向上均匀配置，尽可能地消除空穴电流容易集中的位置。目前市场上的IGBT大多是柱形单元，具有更大的抗闩锁能力，与旨在增加总沟道宽度和降低导通电压的四边形或六边形单元相比，可以确保更高的可靠性。

# 3.9 IGBT单元结构的发展

如前所述，1982年公布的IGR（insulated gate rectifier）是第一个制作成功的MOS驱动双极型晶体管原型[7]，但其缺点是开关速度慢，并且很容易发生闩锁而造成损坏。针对开关速度慢的缺点，出现了PT-IGBT结构，在N⁻漂移层和P⁺集电极层之间插入N⁺缓冲层，并引入寿命抑制工艺，未增大导通电压而成功地提高了其开关速度[12]。此外，非闩锁结构的发明显著提高了闩锁耐量[10]。并且，之后的IGBT结构发展的重点是如何同时提高低导通电压特性–高速开关特性–高破坏耐量特性之间的折中特性。为了改善这种折中特性，应用于U-LSI的最先进的器件设计技术和工艺技术也被应用于IGBT开发，IGBT的特性实现了飞跃性的进步。如上所述，IGBT的结构中，功率MOSFET的背面衬底由N⁺变为P⁺结构，器件表面结构几乎相同，所以应用于功率MOSFET的技术经常被原封不动地拿来应用。一个典型的例子是应用于MOSFET的沟槽栅极结构和工艺技术可以实现IGBT的低导通电压。通过采用沟槽栅极结构，可以使单元之间的间距缩小，并且通过在芯片中形成更多的单元，可以降低IGBT的导通电压[19]。但是，当时的沟槽栅极IGBT在负载短路时会流过非常大的电流，导致IGBT被破坏，或者尽管采用了沟槽型结构却没有实现预想中的导通电压降低等的种种问题，因此很难同时实现折中特性。同时，有人提出了一种使用沟槽栅极结构的技术，该技术可以实现IGBT特有的低导通电压，称为注入增强效应（IE效应）[20]。图3.19显示了包含这种IE效应的IGBT结构的横截面图。这种结构被称为IEGT，其特点是可以增加器件表面的载流子分布，因此可以在不明显增加开关损耗的情况下降低导通电压。这种IEGT结构还有另一个特点，从图3.19可以看出，IEGT的MOSFET沟道部分呈缩小的结构，因此MOSFET的总沟道宽度比普通沟槽栅极IGBT的要短。结果，能够抑制对集电极电压施加高电压时的饱和电流，因此能够将负载短路时的电流抑制得比较小。换句话说，这种IEGT通过在器件表面积累载流子实现了低导通电压特性，并通过抑制饱和电流实现了高破坏耐量（见图3.20）。

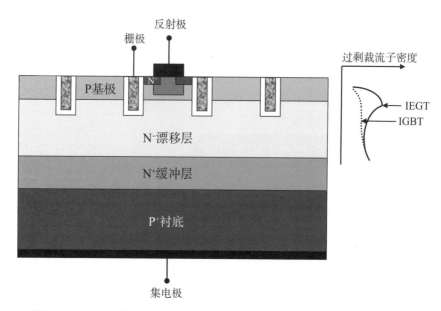

图3.19 IEGT结构截面图以及IEGT和IGBT导通时的载流子分布

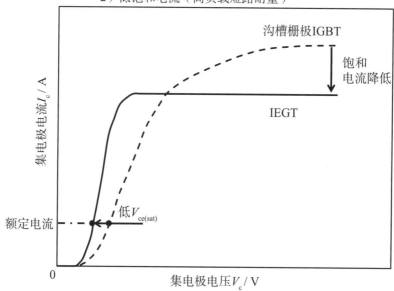

图3.20 IEGT与沟槽栅极IGBT的电流-电压特性比较

除了IEGT，有人提出在P基极层和N⁻漂移层之间插入一个高浓度N层的CSTBT（载流子存储沟槽栅双极型晶体管）[21]和HiGT（高导电性IGBT）[22]，（见图3.21和图3.22），以增加器件表面的载流子浓度，减少导通电压。此外同时实现了低导通电压特性和良好的负载短路特性的沟槽栅极IGBT也相继公布

[ 23 ]
。

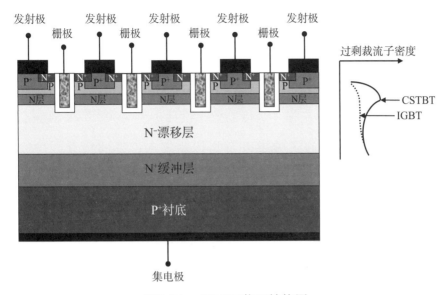

**图**3.21　CSTBT截面结构图

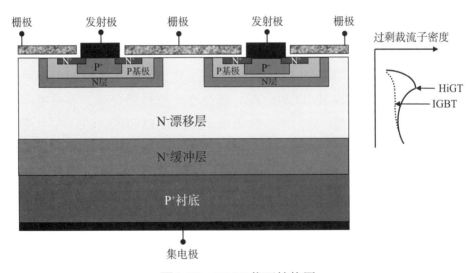

**图**3.22　HiGH截面结构图

　　另一方面，IGBT单元结构的发展不仅是表面栅极结构的改进，还延伸到了宽基极PNP晶体管的设计。在诞生初期的IGBT中，设计理念是通过来自高浓度P⁺衬底的空穴的高注入效率特性和寿命抑制过程推动的传输效率的优化控制，提高导通电压和开关特性之间的折中关系特性。然而，在这种设计方法中，由于与寿命抑制的实施相关的导通电压的负温度特性（温度升高导通电压降低），IGBT并联运行时存在电流集中的问题，而且器件单体难以确保足够大的负载短路耐量。在此背景下，推出了颠覆上述设计理念的新型IGBT结构，即非穿通

（NPT）型IGBT[13]。NPT-IGBT的特点如下所示：

（1）从传统的CZ晶圆+外延层转换为FZ晶圆。

（2）晶圆减薄工艺。

（3）降低P集电极层的注入效率（低注入效率设计）。

（4）不使用寿命抑制流程（高传输效率设计）。

由于NPT-IGBT的低注入效率以及高传输效率设计的特点，与传统的PT-IGBT相比，电流导通过程中IGBT中的电子/空穴分布变得非常平坦。结果，在低导通电压下能够获得高速开关特性。另外，由于不进行寿命抑制处理，因此传输效率不会因温度上升而增加，相反因温度上升而导致的迁移率降低效果明显，因此导通电压温度特性为正，即导通电压也随着温度升高而上升。此外，由于NPT-IGBT的N⁻漂移层厚度设计得比传统的PT-IGBT厚，因此负载短路时器件中的电场强度得到缓和，其结果保证了有足够大的负载短路耐量。这样，随着NPT-IGBT的诞生，实现了导通电压–开关特性–负载短路耐量的折中特性的改善，并且由于表现出了适合IGBT并联运行的特性，IGBT迅速增强了存在感。进一步发展了这种NPT-IGBT的设计理念的FS-IGBT被公布，通过在保持低注入/高输送效率的同时减薄N⁻漂移层并引入高浓度N层作为施加高电压时的耗尽层的终止层[24, 25]。随着这种FS-IGBT的出现，通过使N⁻漂移层更薄，导通电压和开关特性得到了进一步的改善[26]。图3.23表示了FS-IGBT和PT-IGBT在电流导通期间N⁻漂移层中电子/空穴分布的比较。由于FS-IGBT是为低注入和高传输效率而

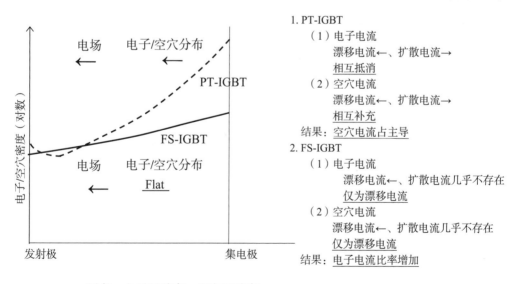

图3.23　电流导通时PT-IGBT和FS-IGBT载流子分布的比较图

设计的，与PT-IGBT相比，器件中的载流子分布具有更低的电子/空穴密度和更平坦的整体形状。相反，PT-IGBT在集电极一侧有很高的电子和空穴密度，其分布朝向发射极急剧减少。

由于IGBT是双极器件，电子和空穴电流在电流导通过程中流动，对流扩散方程可表示如下（一维符号）：

$$J_p = -qD_p \frac{dp}{dx} + q\mu_p pE \tag{3.2}$$

$$J_n = qD_n \frac{dn}{dx} + q\mu_n nE \tag{3.3}$$

式中，$J_p$和$J_n$表示空穴和电子的电流密度，$q$为基本电荷，$p$和$n$表示空穴和电子的密度，$D_p$和$D_n$是空穴和电子的迁移率系数，$\mu_p$和$\mu_n$表示空穴和电子的迁移率。由上式可知，空穴和电子电流由浓度梯度引起的扩散电流和电场引起的漂移电流组成。观察图3.23，在PT-IGBT中，空穴电流$J_p$相叠加，这是因为扩散电流和漂移电流指向相同的方向，但电子电流$J_n$相互抵消，因为它们指向相反的方向。即，在PT-IGBT的情况下，空穴电流在总电流中占有的比率高。

另一方面，在FS-IGBT的情况下，由于电子/空穴分布几乎是平坦的，因此浓度梯度d$p$/d$x$和d$n$/d$x$变得非常小。因此，与PT-IGBT相比，空穴电流$J_p$的比例下降，相反，电子电流$J_n$的比例上升。比较硅的空穴迁移率$\mu_p$和电子迁移率$\mu_n$的大小，可知$\mu_p = 450$（cm$^2$/Vs），而$\mu_n = 1500$（cm$^2$/Vs）（@300K），电子迁移率大三倍以上[27]。也就是说，FS-IGBT结构的器件内部载流子分布使得电子电流占据了总电流的很大一部分，其电子迁移率高，从而可以在低载流子密度的情况下表现出低导通电压并且能够实现高速开关切换。此外，随着薄晶圆结构从NPT向FS-IGBT进化，进一步实现了低导通电压–高速开关切换。这一技术与上述表面沟槽栅极结构的融合使得最新的IGBT可以在低导通电压下实现高速开关特性，同时保持足够大的负载短路耐量。

## 3.9.1　IGBT晶圆减薄工艺

这里，将就IGBT的晶圆减薄工艺进行介绍。Trench FS-IGBT（也称为LPT-IGBT[28]）是目前最先进的IGBT，采用晶圆减薄工艺和IGBT专用的沟槽栅极结构，具体就是通过与前面讲述的IEGT、CSTBT和以沟槽HiGT为代表的器件表面累积电荷的结构相融合，表现出超低导通电压–超高速开关性能的同时，具有高破坏耐量。单纯将硅晶圆减薄的技术在IC卡等方面为人所熟知，但作为功率器件的IGBT的晶圆减薄工艺不仅仅在于薄化，还具有薄化后进一步在晶圆背面进行P型及N型杂质的离子注入和热扩散，并且必须形成背面电极。因此，需要一种在处理减薄晶圆时不会发生破裂的先进工艺技术，这是一种IGBT特有的技术。这种晶圆减薄/背面工艺技术进步明显，有报道称，通过采用开发出的厚度为40μm的超薄晶圆技术，研制出耐压为400V的FS-IGBT[29]。为了达到40μm的厚度，除了传统的晶圆减薄技术外，还开发出了优化保护膜和电极膜以减少晶圆翘曲，以及在芯片切割过程中避免产生碎屑的晶圆切割技术。

关于IGBT晶圆减薄工艺，使用图3.24进行说明。

(1)准备衬底

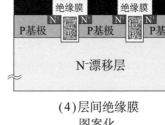

(4)层间绝缘膜
图案化
形成发射极

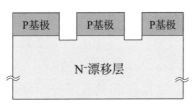

(2)形成P基极层
沟槽蚀刻

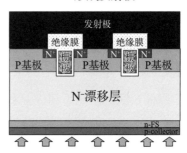

(5)晶圆减薄
形成背面P低层N层
（注入、热处理）

(3)N+源极层
栅极氧化膜
形成栅极

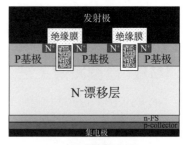

(6)形成背面电极
完成器件

图3.24　沟槽栅FS-IGBT制作流程示意图

首先，制备掺有N型杂质的浮带硅晶圆（FZ晶圆），这时的杂质浓度应足以保证要设计的IGBT的器件耐压，对其表面进行离子注入和热扩散，形成沟槽MOSFET结构，实施干式刻蚀、热氧化和栅极形成等工艺，形成层间绝缘膜，用溅射等方法形成图案和表面发射极；接下来，进入晶圆的背面加工工序，为了使晶圆更薄，根据要设计的IGBT的器件耐压对晶圆的背面进行刮削减薄，例如，600V级的器件被减薄到70～80μm，而1200V级的器件被减薄到110～125μm，进行杂质离子注入和之后的热处理，在背面形成N型FS层（LPT层）和P型集电极层；最后，背面电极成膜，完成晶圆减薄的工艺。

图3.25表示了IGBT晶圆厚度的大致演变过程。从耐压等级600V、1200V和1700V来看，晶圆减薄工艺的发展速度似乎从2003年左右开始放缓。这是由于如果厚度再减少，就不可能确保每个耐压等级的IGBT所需的器件耐压，也就是说这来自于硅的材料特性的限制。不过，据说在不久的将来，有可能将600V级的厚度减少到50μm，1200V级的厚度减少到100μm以下，因此未来的技术发展值得期待。使用这种晶圆减薄工艺的IGBT器件设计并不局限于600～1700V级别，还在向6500V等超高压IGBT扩展，并有望在未来成为硅IGBT的基本设计理念。

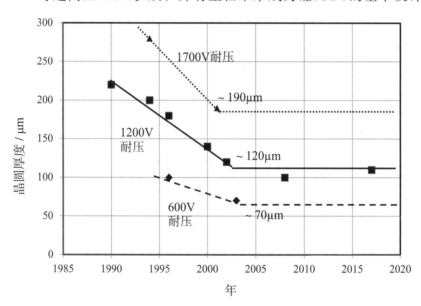

**图3.25** IGBT晶圆减薄工艺的发展

IGBT晶圆减薄工艺的进步使晶圆精加工厚度和背面工艺设计的自由度大大增加，并且进一步降低了损耗，与1990年相比，1200V级IGBT芯片的尺寸减小到了30%（即减少70%）。

## 3.10　IGBT封装技术

IGBT技术发展的主要目的是减少IGBT产生的损耗，同时通过使IGBT器件小型化来降低每个器件的成本。IGBT模块由多个IGBT芯片和FWD芯片安装在绝缘板上组成，并且这一绝缘板被安装在一个铜基板上。图3.26显示了安装在实际的电力电子设备中的IGBT模块的截面结构。IGBT和FWD芯片通过焊料安装在DCB（双铜焊）板上，其中DCB板由两侧安装着铜的陶瓷绝缘板构成。DCB板通过焊接与散热铜基板连接，铜基板上安装着散热片。为了实现这种IGBT模块的小型化，需要将IGBT和FWD芯片小型化。

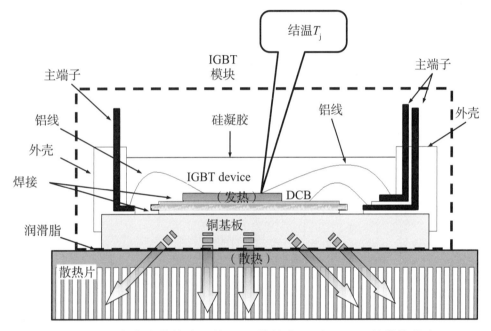

**图3.26**　安装在散热片上的IGBT模块截面图及IGBT的散热状态

然而，随着这些功率器件的小型化，器件功率密度的增加使温度升高，从而引起IGBT模块的可靠性降低。这里的一个重要设计参数是IGBT模块运行期间的器件表面温度（结温$T_j$）。IGBT模块诞生之际，结温$T_j$被设计为125℃，之后提高至150℃。最近发布了可以保证在$T_j = 175$℃下运行的IGBT模块[30]。能够实现这种较高的$T_j$不仅是由于IGBT芯片的改进（如减少高温下的漏电流，提高破坏耐量，改进表面电极等），还在于封装技术的进步，例如，开发具有低热阻、优良散热性能并且高强度的DCB板以及焊接技术等。通过提高结温$T_j$，能够减小相对于器件额定电流的芯片尺寸，由此能够缩小IGBT模块的尺寸。换一种角度考虑，可以采用不同的设计来增加相对于IGBT模块的设置面积的输出电流。无论哪种设计方针都会使IGBT模块具有更高的功率密度，使IGBT模块用户可以减少逆变器的尺寸和重量，或增加逆变器的输出。因此，模块技术以及IGBT芯片技术的进步将能够进一步实现更小、更轻、更便宜的电力电子设备以及IGBT模块。

接下来，讲解一种新型的IGBT模块，即具有驱动电路和保护功能电路的智能功率模块IPM[31]。在IPM中，安装了栅极驱动电路/控制电路的印刷电路板（PCB）直接安装在IGBT模块上，并使用内置有专门为IPM设计的过电流检测单元的IGBT芯片监控IGBT中的电流，例如在发生负载短路和大电流时提供保护。最近，不仅是过电流检测/保护功能，具有过热检测/保护功能的IPM也已经问世。IPM的问世可以大大缩短设计时间。此外，IGBT的可靠保护提高了信赖度，因此不仅在家电和一般工业中，甚至在xEV等方面也被积极应用。再者，从IGBT芯片设计的角度来看，在与破坏耐量之间存在折中关系的导通电压特性方面，保护电路能够可靠地保护IGBT芯片不被破坏，从而使IGBT芯片设计能够实现较低的导通电压特性，有着可以实现低损耗IGBT模块的优点。

## 3.11 最新IGBT技术

### 3.11.1 表面单元结构的最新技术

如上所述，最新的IGBT结构，器件表面做成了沟槽栅极结构，并充分利用晶圆减薄工艺对垂直方向的PNP晶体管进行了优化。2006年，Nakagawa发表了一篇关于IGBT特性的理论极限的论文[32]，论述了当上述表面载流子累加效应和来自背面P+集电极层的注入被优化到最大极限时，特性得到了多大的改善。据此，作为器件模拟计算结果报道，通过将沟槽栅极之间的距离（台面宽度）减小到50nm以下，电子注入效率大幅提高，可以明显降低导通电压。图3.27显示了器件的横截面结构。据此，在1200V等级的IGBT中，有可能实现导通电压接近1.0V的特性。另外，有报道称基于这一理论，实际试制的器件获得了非常低的导通损耗特性[33,34]。然而，器件表面的载流子累加效应可能导致开关损耗增加，因此需要慎重设计导通电压-开关特性之间的折中。

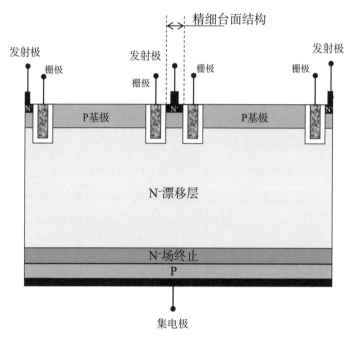

**图3.27** 具有精细台面结构的IGBT截面结构图

## 3.11.2 逆阻型IGBT和逆导型IGBT

将传统的独立芯片的IGBT与PIN二极管集成在一个芯片上的IGBT结构已经被开发出来。典型的例子有IGBT与PIN二极管串联的逆阻型IGBT（RB-IGBT），以及IGBT和PIN二极管反向并联的逆导型IGBT（RC-IGBT）。

RB-IGBT将有望应用于AC-AC直接转换电路的矩阵变换器。目前流行的电源转换电路需要电解电容和直流电抗器等组成的直流平滑电路，这阻碍了设备的小型化、低成本和长寿命化。因此，以矩阵变换器为代表的直接转换型功率变换电路作为不使用直流平滑电路的转换方式而受到关注。这种直接转换电路需要具有双向的电流阻断开关，针对该用途的具有反向阻断性能的新型IGBT的RB-IGBT备受瞩目。由于RB-IGBT需要表现出反向耐压特性，不可能像FS-IGBT结构那样在P集电极层和N⁻漂移层之间设置一个高浓度的N缓冲层，因此，RB-IGBT是基于NPT-IGBT结构的。图3.28所示为RB-IGBT的横截面图。该截面图是器件周边部分的放大图。RB-IGBT的结构特点是在器件的边缘形成具有深P型扩散层的结分离区。通常的NPT-IGBT，在栅极关断状态下施加大的反向电压（即在集电极上施加大的负电压）时，耗尽层开始从背面的PN结扩散。此时，似乎显示出反向耐压特性，但由于施加几十伏的电压时漏电流很大，所以实际的器件不能显示出足够大的反向耐压。这是因为，在RB-IGBT晶圆工艺完成后，要进行切割工艺，将晶圆切割成四边形单元，而在这个切割过程中，边缘的硅晶体会出现缺陷。也就是，当施加反向电压时，RB-IGBT中扩散的耗尽层会扩大到覆盖上述晶体缺陷区域，从而使晶体缺陷产生的漏电流更多。因此，为了防止耗尽层扩散到切割过程中产生的晶体缺陷区，如图3.28所示，在边缘形成一个深P层。600V级的晶圆厚度约为100μm，1200V级的晶圆厚度约为200μm，所以该P层的扩散深度需要大于单元厚度。

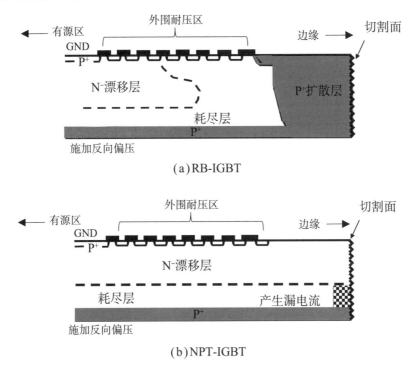

(a)RB-IGBT

(b)NPT-IGBT

图3.28 RB-IGBT和NPT-IGBT施加反向电压时耗尽层扩散方式的比较

制作RB-IGBT的工艺时间通常比普通的NPT-IGBT的工艺时间长得多。然而，比较RB-IGBT和在NPT-IGBT上串联PIN二极管的导通电压与关断损耗之间的折中特性表明，尽管两者的关断特性几乎相同，但直接连接PIN二极管的导通电压变小，如图3.29所示。

这样，RB-IGBT比NPT-IGBT+PIN二极管具有更好的折中特性，从而降低了应用RB-IGBT时的损耗。还有一种利用该RB-IGBT特性的新型三电平逆变器电路方案也被提出，据报道，通过应用RB-IGBT，与传统的二电平逆变器相比，可以明显降低损耗，并且有些产品也已经实现商业化[35, 36]。

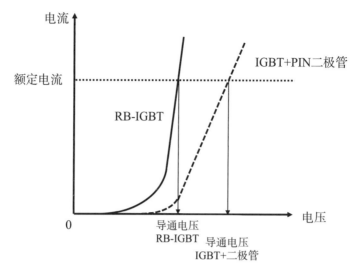

图3.29 RB-IGBT与IGBT+PIN二极管的电流–电压特性示意图

图3.30为RC-IGBT的截面结构,图3.31为逆变器电路图。在3.10节中已经讲述过,在IGBT模块内部连接了单独安装的IGBT和FWD,这适用于逆变器电路。因此,需要6个IGBT和6个FWD,共12个半导体器件。由于RC-IGBT是将反向并联连接的IGBT和PIN二极管集成在一个器件中,所以形成的逆变器电路仅需6个半导体就可以。因此,如果一个模块配置了RC-IGBT,可以大幅减小模块的尺寸。这样,可以说RC-IGBT具有适合小型化和降低成本的优点。

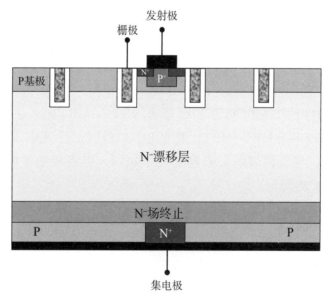

图3.30 RC-IGBT截面结构图

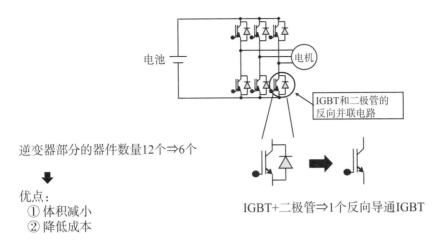

逆变器部分的器件数量12个⇒6个

优点：
① 体积减小
② 降低成本

IGBT+二极管⇒1个反向导通IGBT

**图**3.31 逆变器电路图以及应用RC-IGBT时的优点

作为集电极短路型IGBT，RC-IGBT的基本结构被提出来[37, 38]，2004年基于NPT-IGBT技术的RC-IGBT试制原型结果公布[39]。随着使用FS-IGBT技术开发的用于感应加热的RC-IGBT被报道[40]，用于一般逆变器电路的600V、1200V[41, 42]，以及最近开发的3300V的RC-IGBT模块也相继公布[43, 44]。RC-IGBT设计的难点在于将具有不同器件设计优化方法的IGBT和PIN二极管集成到单个器件中，作为RC-IGBT的器件特性来进行优化。例如，xEV用的RC-IGBT，将沟槽栅FS-IGBT结构和反向并联PIN二极管（FWD）进行交替排列以改善特性[45]。另外，对于RC-IGBT，在其逆变器电路内运行时，IGBT和FWD交替运行，造成在同一器件的IGBT部位和FWD部位分别发热。FWD工作时产生的热量可以通过IGBT区域进行散热，因此具有比以往的IGBT模块的FWD元件的热阻小的特征。通过这种方式将RC-IGBT应用于xEV的逆变器电路，可以大幅减少器件数量和模块面积，还可以降低热阻，从而大大提高性价比。未来，通过进一步优化FWD的反向恢复特性和IGBT特性，将使RC-IGBT的广泛应用成为可能。

## 3.12 未来展望

IGBT已成为覆盖从中等容量到高耐压/大电流应用的功率器件的主角。近期，随着6.5kV耐压器件的实际应用，以及8kV超高耐压器件的研究发展等，其所覆盖的耐压范围进一步扩大。通过改进以FS-IGBT为代表的晶圆减薄工艺和沟槽栅技术，进一步降低了损耗，其优势地位逐年增强。虽然说低损耗化已经接近其极限，但人们正在积极寻求方法，通过改进表面单元结构和晶圆减薄工艺来接近低损耗IGBT的极限。未来，除了低损耗器件本身，还将像RC-IGBT和RB-IGBT一样，通过将IGBT和FWD整合，以减少模块尺寸和成本。此外，向更高结温$T_j$（$T_j = 200$℃）[46, 47]的发展正在取得进展，随着封装技术及芯片技术的发展、以更高电流密度使用IGBT的技术开发、以xEV为典型的新市场扩张，以及为应对更低的成本而不断努力开发新技术和提高可靠性，IGBT在未来一段时间内仍将是中大容量应用中功率器件的主流。

# 参 考 文 献

［1］山上倖三, 赤桐行昌. トランジスタ. 特公昭47-21739, 1972年6月19日.

［2］B W. Scharf , J D. Plummer. A MOS-Controlled Triac Devices. Proc. IEEE ISSCC, session XVI, 1978, 222-223.

［3］B. J. Baliga. Enhancement- and depletioN¯mode vertical-channel MOS gated thyristors. Electron. Lett, 1979, 15(20): 645-647.

［4］J. D. Plummer. Monolithic semiconductor switching device. U. S. Patent, No. 4199744, 1980年4月22日.

［5］H. W. Becke, C. F. Wheatley, Jr. Power MOSFET with an anode region. U. S. Patent 4364073, 1982年12月14日.

［6］J. P. Russell, A. M. Goodman, L. A. Goodman, J. M. Neilson. The COMFET-A new high conductance MOS-Gated device. IEEE Electron Device Lett, 1983, 4(3): 63-65.

［7］B. J. Baliga, M. S. Adler, P. V. Gray, R. Love, N. Zommer. The insulated gate rectifier(IGR) : A new power switching device. IEEE IEDM Tech. Dig, 1982, 264-267.

［8］Power-MOS IGT-Insulated Gate Transistor-Data sheet, D94FQ4, R4, General Electric Company, Boston, MA, USA, 1983.

［9］B. J. Baliga. IGBT: The GE Story. IEEE Power Electronics Magazine, 2015, 16-23.

［10］A. Nakagawa, H. Ohashi, M. Kurata, Y. Yamaguchi, K. Watanabe. NoN¯latch-up 1200V 75A bipolar-mode MOSFET with large ASO. IEEE IEDM Tech. Dig, 1984, 860-861.

［11］A. Nakagawa, Y. Yamaguchi, K. Watanabe, H. Ohashi. Safe operating area for 1200-V noN¯latch-up bipolar-mode MOSFETs. IEEE Trans. Electron Devices, 1987, 34(2): 351-355.

［12］A. M. Goodman, J. P. Russell, L. A. Goodman, C. J. Nuese, J. M. Neilson. Improved COMFETs with fast switching speed and high-current capability. IEEE IEDM Tech. Dig, 1983, 79-82.

［13］G. Miller, J. Sack. A new concept for a non punch through IGBT with MOSFET like switching characteristics. IEEE PESC Record, 1989, 1: 21-25.

［14］B. J. Baliga. Switching speed enhancement in insulated gate transistors by electron irradiation. IEEE Trans. Electron Devices, 1984, 31(12): 1790-1795.

［15］N. Iwamuro, A. Okamoto, S. Tagami, H. Motoyama. Numerical analysis of short-circuit safe operating area for P¯channel and N¯channel IGBTs. IEEE Trans. Electron Devices, 1991, 38(2): 303-309.

［16］H. Hagino, J. Yamashita, A. Uenishi, H. Haraguchi. An experimental and numerical study on the forward biased SOA of IGBTs. IEEE Trans. Electron. Devices, 1996, 43(3): 490-500.

［17］M. Otsuki, Y. Onozawa, H. Kanemaru, Y. Seki, T. Matsumoto. A study on the short-circuit capability of field-stop IGBTs. IEEE Trans. Electron Devices, 2003, 50(6): 1525-1531.

［18］H. Yilmaz. Cell geometry effect on IGT latch-up. IEEE Electron Device Lett, 1985, EDL-6(8): 419-421.

［19］M. Harada, T. Minato, H. Takahashi, H. Nishimura, K. Inoue, I. Takata, 600V trench IGBT in comparison with planar IGBT. Proc. of Int. Symp. Power Semiconductors and ICs, 1994, 411-416.

［20］M. Kitagawa, I. Omura, S. Hasegawa, T. Inoue, A. Nakagawa. A 4500V injection enhanced insulated gate bipolar transistor (IEGT). IEEE IEDM Tech. Dig, 1993, 679-682.

［21］H. Takahashi, E. Haruguchi, H. Hagino, T. Yamada. Carrier stored trench- gate bipolar transistor (CSTBT)-a novel power device for high voltage application. Proc. of Int. Symp. Power Semiconductors and ICs, 1996, 349-352.

［22］M. Mori, Y. Uchino, J. Sakano, H. Kobayashi. A novel highconductivity IGBT(HiGT) with a short circuit capability. Proc. of Int. Symp. Power Semiconductors and ICs, 1998, 429-432.

［23］T. Laska, F. Pfirsch, F. Hirler, J. Niedermeyr, C. Schaffer, T. Schmidt. 1200V-Trench-IGBT study with square short circuit SOA. Proc. of Int. Symp. Power Semiconductors and ICs, 1998, 433-436.

［24］T. Matsudai, A. Nakagawa. Potential of 600V Trench Gate IGBT having Lower ON¯State Voltage Drop than Diodes. Toshiba Review, 1999, 54(11): 28-31.

［25］T. Matsudai, K. Kinoshita, A. Nakagawa. New 600V Trench Gate Punch-Through IGBT Concept with Very Thin Wafer and Low Efficiency P¯emitter, having an ON¯state Voltage Drop lower than Diode. Proc. of IPEC Tokyo, 2000, 292-296.

［26］T. Laska, M. Münzer, F. Pfirsch, C. Schaeffer, T. Schmidt. The field stop IGBT(FS IGBT). A new power device concept with a great improvement potential. Proc. Int. Sym. Power Semiconductors and ICs, 2000, 355-358.

［27］S. M. Sze. Physics of Semiconductor Devices. John Wiley & Sons, New York, 1981.

［28］S. Dewar, S. Linder, C. v. Arx, A. Mukhitinov, G. Debled. Soft Punch Through(SPT)-Setting new Standards in 1200V IGBT. Proc. PCIM Europe, 2000, 593.

［29］H. Böving, T. Laska, A. Pugatschow, W. Jakobi. Ultrathin 400V FS IGBT for HEV Applications. Proc. Int. Symp. Power Semiconductors and ICs, 2011, 64-67.

［30］K. Yoshida, S. Yoshiwatari, J. Kawabata. 7th-generation "X series" IGBT Module "Dual XT", Fuji Electric Review, 2016, 62(4): 236-240.

［31］G. Majumdar, H. Sugimoto, M. Kimata, T. Iida, H. Iwamoto, T. Nakajima, H. Matsui. Super mini type integrated inverter using intelligent power and control devices. Proc. Int. Symp. Power Semiconductors and ICs, 1990, 144-149.

［32］A. Nakagawa. Theoretical Investigation of Silicon Limit Characteristics of IGBT. Proceedings of Int. Symp. Power Semiconductors and ICs, 2006, 5-8.

［33］M. Sumitomo, J. Asai, H. Sakane, K. Arakawa, Y. Higuchi, M. Matsui. Low loss IGBT with Partially Narrow Mesa Structure (PNM-IGBT). Proc. of Int. Symp. Power Semiconductors and ICs, 2012, 17-20.

［34］F. Wolter, W. Rösner, M. Cotorogea, T. Geinzer, M. Seider-Schmidt. Multi-dimensional Trade-off Considerations of the 750V Micro Pattern Trench IGBT for Electric Drive Train Applications. Proc. of Int. Symp. Power Semiconductors and ICs, 2015, 105-108.

［35］小松康佑, 原田孝仁, 中澤治雄. アドバンストNPC回路用IGBT.

［36］富士電機株式会社ホームページ. 2013年4月17日, ニュースリリース. https: //www. fujielectric. co. jp/about/news/detail/2013/20130417150008487. html.

［37］T. P. Chow, B. J. Baliga, H. R. Chang, P. V. Gray, W. Hennessy, C. E. Logan. P⁻channel, vertical insulated gate bipolar transistors with collector short. IEEE IEDM Tech. Dig, 1987: 670-673.

［38］D. Ueda, K. Kitamura, H. Takagi, G. Kano. A new injection suppression structure for conductivity modulated power MOS-FETs. Proc. Int., Conf., Solid State Devices Mater, 1986, 97-100.

［39］H. Takahashi, A. Yamamoto, S. Aono, T. Minato. 1200V reverse conducting IGBT. Proc. of Int. Symp. Power Semiconductors and ICs, 2004, 133-136.

［40］O. Hellmund, L. Lorenz, H. Rüthing. 1200V Reverse Conducting IGBTs for Soft-Switching Applications. China Power Electronics Journal, Edition 5/2005, 20-22.

［41］K. Satoh, T. Iwagami, H. Kawafuji, S. Shirakawa, M. Honsberg, E. Thal. A new 3A/600V transfer mold IPM with RC(Reverse Conducting)- GBT. Proc. PCIM Europe, 2006, 73-78.

［42］H. Rüthing, F. Hille, F. J. Niedernostheide, H. J. Schulze, B. Brunner. 600 V Reverse Conducting(RC-) IGBT for Drives Applications in Ultra-Thin Wafer Technology. Proc. of Int. Symp. Power Semiconductors and ICs, 2007, 89-92.

［43］M. Rahimo, U. Schlapbach, A. Kopta, J. Vobecky, D. Schneider, A. Baschnagel. A High Current 3300V Module Employing Reverse Conducting IGBTs Setting a New Benchmark in Output Power Capability. Proc. of Int. Symp. Power Semiconductors and ICs, 2008, 68-71.

［44］M. Rahimo, A. Kopta, U. Schlapbach, J. Vobecky, R. Schnell, S. Klaka, The Bi-Mode Insulated Gate Transistor(BIGT) a Potential Technology for Higher Power Applications. Proc. of Int. Symp. Power Semiconductors and ICs, 2009, 283-286.

［45］A. Yamano, A. Takasaki, H. Ichikawa. 7th-generation "X series" RC-IGBT module line-up for industrial applications. Fuji Electric Review, 2017, 63(4): 223-227.

［46］N. Iwamuro, T. Laska. IGBT History, state-of-the-art, and future prospects. IEEE Trans. Electron Devices, 2017. 64(3): 741-752.

［47］N. Iwamuro, T. Laska. Correction to IGBT History, state-of-the-art, and future prospects. IEEE Trans. Electron Devices, 2018, 65(6): 2675.

# 第4章
# 硅二极管

## 4.1　简　介

二极管大体可分为单极器件的肖特基势垒二极管（SBD）和双极器件的PIN二极管。SBD在高耐压用途中，电流导通时的导通电压会变得极大，因此主要用于耐压低于200V的低耐压场合。SBD具有低导通电压特性（肖特基接触的内建电势小）和伴随单极操作的高速开关特性，有时也与MOSFET组合用作FWD。另一方面，PIN二极管在电流导通过程中以双极模式工作，即使设计为高耐压器件，其导通电压也非常低，因此与SBD相反，通常用于高耐压场合。PIN二极管经常与IGBT相组合来作为FWD使用或作为一般整流器使用。

## 4.2　二极管的电流－电压特性和反向恢复特性

图4.1显示了典型的二极管的电压－电流特性。当反向施加电压时，几乎没有电流流动，二极管仍保持阻断状态。当超过某个电压时，电流立即向相反方向流动。这意味着，因雪崩击穿产生的电子/空穴对导致大电流流过，无法保持反向阻断状态，这个电压被称为器件耐压或简称耐压。

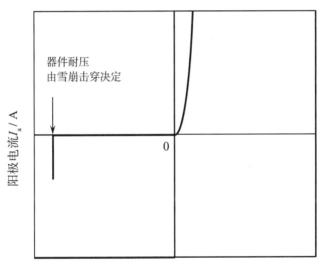

**图**4.1　二极管的正向电流-电压特性

在正向，当施加的电压超过肖特基接触和PN结之间的内建电势时，电流开始流动并变为导通状态（图4.2）。一般来说，预先设定的额定电流导通的正向电压被称为导通电压。从二极管正向导通状态切换到反向阻断状态称为反向恢复操作，这是在电机驱动逆变器电路中作为FWD使用时的一般的开关操作。

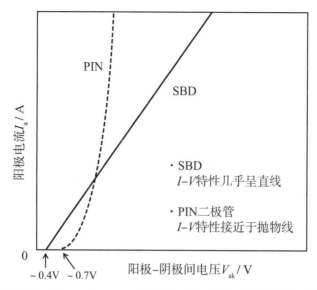

**图4.2** 硅SBD和PIN二极管的正向电流–电压特性比较

图4.3显示了PIN二极管反向恢复期间的电流和电压的波形。当正向电流从导通状态切换到关断状态时，电流以恒定的电流变化率d$I$/d$t$下降，最后从正向流向反向。然后开始施加反向电压，当达到最大反向电流时，施加在二极管上的电压为直流电源电压的值，随后反向电流逐渐减少并达到零。在这种开关操作中，电流和电压的时间积分是反向恢复过程中的损失（反向恢复损失），必须将其设计得尽可能低。此外，图4.3中d$I_r$/d$t$大的情况被称为硬恢复，d$I_r$/d$t$小的情况被称为

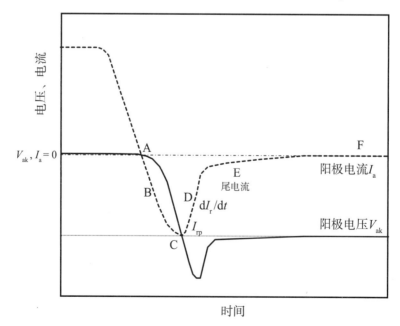

**图4.3** PIN二极管反向恢复波形

软恢复。硬恢复波形往往对周围环境产生不利影响,如产生波形振荡和相关噪声等,因此通常设计为软恢复特性。

## 4.3 单极二极管

### 4.3.1 肖特基势垒二极管(SBD)

SBD可以通过在硅半导体的表面沉积金属来制造。市场销售的器件一般是按照低于200V的器件电压而设计的,其特点是由于没有空穴注入而能实现高速开关特性。因此,硅SBD目前大多与MOSFET结合使用,用于小型电机驱动和汽车电气设备,以及低压电源等。对SBD施加反向电压时,会有一个非常小的漏电流流过。当电压沿正向施加时,肖特基接触的内建电势小于PN结的内建电势,导致电流上升更快,结果造成导通电压降低。如果肖特基势垒高度很高,那么当施加反向电压时,器件耐压可以通过抑制漏电流的导通而得到改善,但反之,导通电压会增加。另一方面,如果肖特基势垒高度低,则导通电压低,但漏电流增加。也就是说,在施加反向电压时的漏电流和导通正向电流时的导通电压之间存在着一种折中关系。

SBD二极管、PIN二极管和JBS二极管的横截面如图4.4所示。SBD二极管作为功率器件,往往具有图中所示的JBS二极管结构。JBS二极管结构[1]是在N⁻漂移层的表面选择性地形成P⁺层,利用N⁻漂移层与表面电极之间的肖特基接触的一种二极管结构。表面电极层与P⁺层区形成欧姆接触,与N⁻漂移层形成肖特基接触,因此器件整体具有SBD和PIN二极管并联的结构。JBS二极管设计为正向电流只通过SBD部分导通,属于单极操作,开关损耗非常小。因此,优化JBS负载设计的关键是如何在确保足够的器件耐压状态下尽量降低导通电压。电流导通时

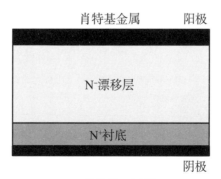

(a)肖特基二极管

图4.4 肖特基二极管、PIN二极管、JBS二极管截面

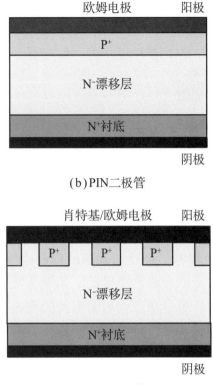

（b）PIN二极管

（c）JBS二极管

续图4.4

的导通电压由肖特基接触的正向压降和N⁻漂移层的导通电阻分量组成。因此，最重要的设计参数包括以肖特基势垒高度为代表的肖特基接触特性、N⁻漂移层的杂质浓度和厚度以及P⁺层之间的距离等。通过P⁺层夹入肖特基电极正下方的N⁻漂移层，耗尽施加反向偏压时肖特基界面处的N⁻漂移层，可以抑制漏电流的导通。在这种反向阻断模式下，P⁺层/N⁻漂移层形成的PN结被反向偏置，使耗尽层扩散到夹在P⁺层的N⁻漂移层中，最终被夹断。夹断后，即使施加的反向电压进一步增加，肖特基界面处电场的增加也是受限制的，此后施加的反向电压因在N⁻漂移层中扩散的耗尽层的存在而保持。JBS二极管的电气特性将在第5章中进行说明。

## 4.4　双极二极管

### 4.4.1　PIN二极管

从600～3300V左右的中耐压到高耐压范围内，兼具低导通电压特性和良好的开关特性的高性能PIN二极管是非常重要的功率器件。第3章中讲述的IGBT模块，由安装在模块内的绝缘板上的IGBT以及作为FWD的PIN二极管组成，IGBT

模块的优良特性不仅取决于IGBT，还取决于PIN二极管的特性。PIN二极管的四个重要特性是：

（1）导通电压低。

（2）反向恢复时间短。

（3）反向恢复电流小。

（4）软反向恢复特性。

如图3.9所示，IGBT模块经常在连接如电机控制等的电感负载时被应用，这里将介绍这种情况下二极管的工作情况。第3章中讲述的IGBT的导通特性（见图3.11）在二极管的开关操作中极为重要。下面使用图4.3中PIN二极管反向恢复波形以及图4.5来说明此时二极管的反向恢复操作。

当PIN二极管进入反向恢复工作时，正向阳极电流以恒定的速度下降（均匀的d$I$/d$t$），正向偏压一直保持施加状态到图4.3中的A点。然后，在阳极电流从正向变为反向后，开始对PIN二极管施加反向偏压，二极管两端的反向电压增加，直到达到直流电源电压为止（图4.3的B点，图4.5的第2步）。当这个反向施

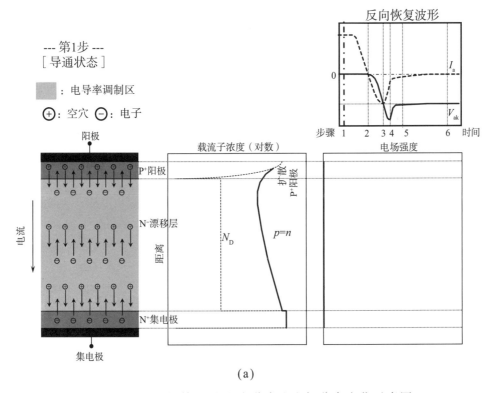

（a）

**图4.5** PIN二极管电子/空穴分布和电场分布变化示意图

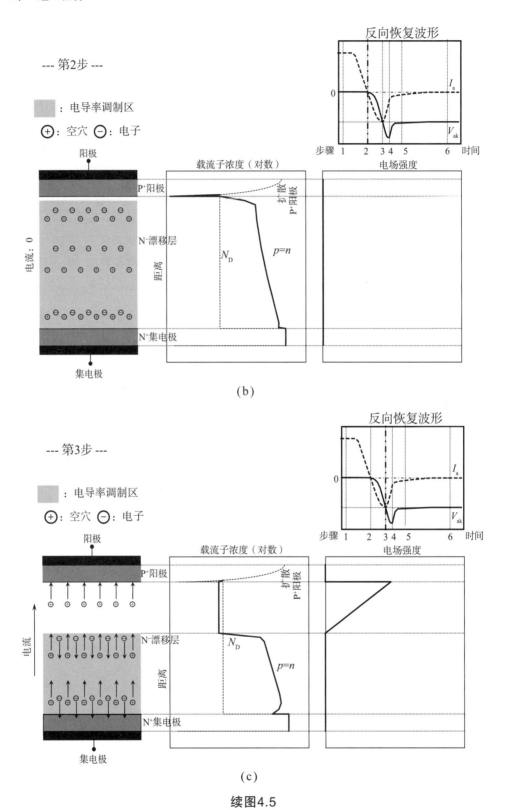

续图4.5

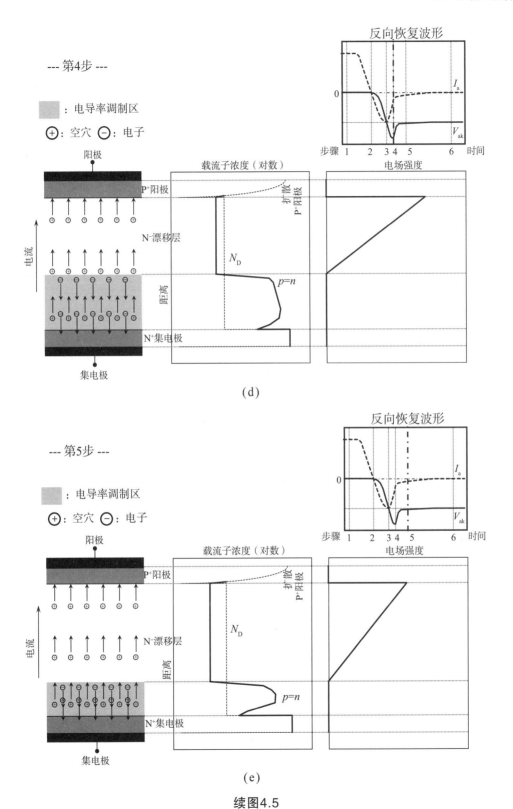

（d）

（e）

续图4.5

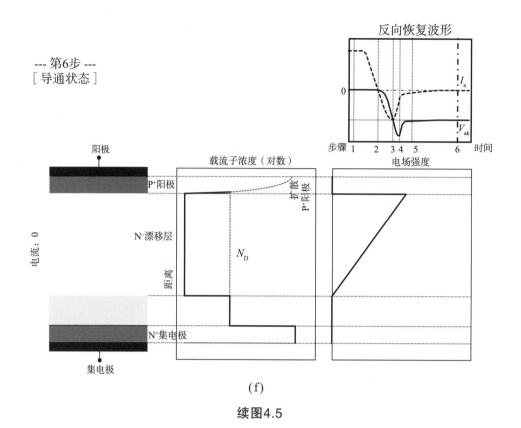

--- 第6步 ---
［导通状态］

(f)

续图4.5

加电压变得与直流电源电压相等时，二极管中的反向电流达到其峰值$I_{rp}$（图4.3中的C点，图4.5中的第3步）。然后，阳极电流略微迅速下降后（图4.3中的D点），随着大量积累在阴极电极一侧附近的$N^-$漂移层中的电子和空穴复合，阳极电流呈指数级逐渐下降（图4.3中的E点，图4.5中的第4步和第5步）。最终，阳极电流变为零，进入关断状态（图4.3中的F点，图4.5中的第6步）。这样与IGBT的导通操作相联动，PIN二极管进行反向恢复操作，但与IGBT一样，高电压和大电流同时作用于PIN二极管，其结果导致二极管也产生大功率损耗。另外，控制这种开关操作的IGBT在导通期间也有一个二极管反向恢复电流，因此在PIN二极管设计中，将二极管反向恢复电流的峰值电流$I_{rp}$和反向恢复时间降至最小是极为重要的。

在二极管设计中，抑制图4.3中D点处出现的反向阳极电压的急剧增加，即所谓的浪涌电压，也是极为重要的。这个浪涌电压是由电路中的杂散电感$L_{stray}$和二极管电流快速下降$dI_r/dt$造成的（$L_{stray} \times dI_r/dt$）。因此，为了实现高性能电压型逆变器，与二极管的低导通电压和低反向恢复损耗特性相同，降低这种浪涌电压也是PIN二极管的优化设计中一个重要的项目。二极管的反向恢复操作，即所谓的硬恢复特性，在反向恢复$dI_r/dt$较大时就有可能发生，而且往往是造成高峰值电压的原因。PIN二极管的技术创新不仅降低了产生的损失和成本，而且还能在任何恶劣条件下抑制与浪涌电压相关的峰值电压，并抑制相关的电流和电压振荡，取得了飞跃性的进步。众所周知，这种电压和电流波形的振荡在反向恢复操作中会增加，特别是在约为额定电流十分之一的低电流下。作为对策，一般可以通过增加注入PIN二极管的空穴和电子来实现软恢复特性。然而，这带来了与PIN二极管的反向恢复损耗增加之间的折中关系。为了改善这种折中特性，有人提出了各种高电压二极管方案，通过将注入的空穴和电子抑制在最低限度来实现非常平滑的开关波形软恢复特性，同时实现最小的损耗特性[2~4]。本节介绍静电屏蔽二极管（SSD）和混合PIN/肖特基二极管（MPS二极管），其截面如图4.6所示。这些二极管结构的特点是，通过减少来自P$^+$层/N$^-$漂移层结的空穴注入，最大限度地减少正向电流导通期间在N$^-$漂移层中积累的电子和空穴的数量。

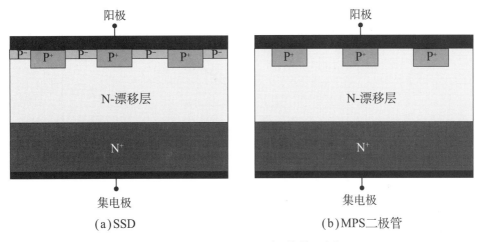

(a)SSD　　　　　　　　　　(b)MPS二极管

**图4.6**　SSD和MPS二极管截面图

## 4.4.2　SSD和MPS二极管

如图4.6(a)所示，SSD的表面由浅层低浓度的P$^-$层和部分被高浓度P$^+$区包围的N$^-$层组成。P$^-$层的结深较浅，掺杂浓度低。在SSD中，大部分正向电流在P$^-$/N$^-$/N$^+$区导通。结果表明，P$^-$/N$^-$/N$^+$区域的导通电压和反向恢复时间随着P$^-$层掺杂浓度的降低而降低[2]，实现了低导通损耗以及低反向恢复损耗，这可以通过图3.23来解释。此外，在反向阻断模式中，如果为了降低PN结附近的电场而将P$^+$层宽度缩小，则器件耐压增加。

如图4.6(b)所示，MPS二极管的设计理念是将肖特基接触区和P$^+$区及N$^-$漂移

层网格结构的P/N结集成在一个器件中。施加反向电压时，为高耐压而设计无P⁺
层的纯粹的肖特基二极管具有较大的肖特基势垒降低效应[5]和较大的反向漏电
流，因此，耐压波形通常呈现出极其柔和的形状。然而，通过形成PN结以包围
肖特基界面，可以尽可能地抑制MPS二极管中肖特基势垒的降低。此外，与JBS
二极管一样，通过夹断耗尽层，在肖特基界面下形成势垒，可以抑制界面处的电
场的增加。通过这种方式，MPS二极管表现出与PIN二极管相同的器件耐压。

　　图4.7显示了MPS二极管、SBD和PIN二极管的正向特性的模拟结果。MPS
二极管在正向电压低于0.5V时的工作电流密度介于SBD和PIN二极管之间，但在
更高的正向电压区域，可以在比SBD和PIN二极管更高的电流密度下工作，即导
通电压变小。另外，在反向恢复特性方面，MPS二极管可以表现出更低的反向恢
复时间、反向恢复峰值电流，甚至更低的d$I_r$/d$t$[6]。关于MPS二极管的另一个特
点是，在PIN二极管基础之上几乎无任何追加工艺即可制造。

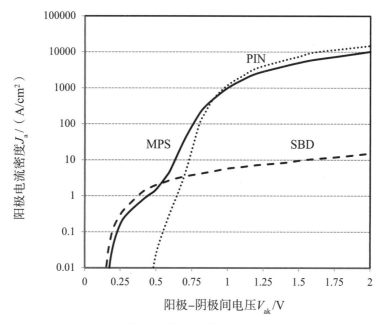

**图4.7**　MPS二极管正向特性计算结果（SBD区域50%）

# 参考文献

［1］ B. J. Baliga. The pinch rectifier: A low-forward-drop high-speed power diode. IEEE Electron Device Letters, 1984, 5(6): 194-196.

［2］ M. Naito, H. Matsuzaki, T. Ogawa. High current characteristics of asymmetrical P⁻i-N diodes having low forward voltage drops. IEEE Trans. Electron Devices, 1976, 23(8): 945-949.

［3］ Y. Shimizu, M. Nairo, S. Murakami, Y. Terasawa. High speed low-loss P⁻N diode having a channel structure. IEEE Trans. Electron Devices, 1984, 31(9): 1314-1319.

［4］ B. J. Baliga, H. R. Chang. The merged pin Schottky(MPS) rectifier: High-voltage, high-speed power diode. IEEE IEDM Tech. Dig, 1987, 658-661.

［5］ S. M. Sze. Physics of Semiconductor Devices. John Wiley & Sons, New York, 1981.

［6］ H. S. Tu, B. J. Baliga. Controlling the characteristics of the MPS rectifier by variation of area of Schottky region. IEEE Trans. Electron Devices, 1933, 40(7): 1307-1315.

# 第5章
# SiC功率器件

## 5.1 简　介

SiC（碳化硅）是一种IV-IV族的化合物半导体材料，具有2.3～3.3eV的宽能带隙。SiC在不同的环境下能形成不同的晶体结构，现在常用的有3C-SiC、4H-SiC、6H-SiC和15R-SiC，4H-SiC以其高击穿场强和$c$轴方向的高电子迁移率，以及高Baliga品质因数（BFOM）[1]，成为制造半导体器件的主流材料。本章将重点讨论4H-SiC功率器件。

4H-SiC（以下简称SiC）的特点是比硅有更大的带隙$E_g$、击穿场强$E_c$和热导率$K$。SiC具有硅的10倍的大的击穿场强，导通期间的导通电阻减少，器件损耗降低。因此，与相同器件耐压的硅功率半导体器件相比，可以把维持耐压的$N^-$漂移层的厚度做得更薄，杂质浓度可以设计得更高，理论上单极器件的导通电阻可以降低到1/300左右。另外，SiC的带隙$E_g$约为3.3eV，约为硅的三倍，这意味着即使在高温条件下，热激发产生的电子也比硅少，其结果就是漏电流较小。在高温条件下，由于热失控造成的破坏比在硅中发生的可能性小，这意味着结温$T_j$的上限可以设置得比硅的温度高。例如，目前硅半导体器件的$T_j$上限为150℃C～175℃，而对于SiC来说，可以设定为200℃或225℃甚至更高。这使得减轻半导体器件的冷却部件的负担成为可能，而且冷却部件本身也能够实现小型化。因此，其低损耗、高耐热性和高散热性的特点为电力电子设备的冷却部件的小型化做出了重大贡献。

## 5.2 晶体生长和晶圆加工工艺

目前实际使用的SiC单晶生长方法是升华法。这种方法与硅的从熔体中培育晶体的方法有很大不同，是将粉末状的SiC原料升华（从固体到气体，然后再凝固气体）以生长单晶。因此，减少晶体缺陷和增加晶体直径非常困难，用于硅功率半导体设备的200mm直径的晶圆是主流，而且300mm的晶圆也在相继投产，但直径为150mm的SiC晶体最近才实现全面生产。此外，与硅相比，单晶生长获得的SiC的晶体体积极小，因此，晶锭的长度比硅短[2]。此外，需要用金刚石线锯从这些晶锭上切割出SiC晶圆，但SiC很硬，加工需要时间，而且由于切割部分的损耗很大，所以从每个晶锭切割出的晶圆数量很少，这是SiC晶圆成本高的一个主要原因。目前正在研究溶液法和气体法等作为升华法的替代方法，还报道了一种新的晶圆加工技术的发展，即激光切片[3]，这一领域的未来进展令人期待。

## 5.3　SiC单极器件和SiC双极器件

　　接下来，考虑使用SiC设计的半导体器件。在硅功率半导体器件的世界里，正如第2章和第3章所述，MOSFET和IGBT作为开关器件目前在市场上占主导地位。SiC功率半导体器件的情况如何？从器件结构来看，MOSFET和IGBT是电压驱动型器件，具有低驱动功率特性和可简化的驱动电路，在施加高漏极电压（集电极电压）时表现出电流饱和特性，易于保护器件，即使硅被SiC取代，其主角地位也不会让位于其他器件结构。那么，应该先开发MOSFET还是IGBT呢？SiC的击穿场强$E_c$大约比硅大一个数量级，因此，能够以十分之一的漂移层厚度来制造高耐压器件。例如，即使厚度约为50μm的外延层，也有望制成耐压约为5kv，导通电压约为3v的单极器件。另一方面，在设计SiC双极器件时，有一点需要注意，那就是宽带隙半导体材料，PN结的内建电势比硅（约0.7V）大得多。在SiC中只是因为有PN结存在，就必须在正向施加大约2.5V的电压才能使电流流动（见图5.1）。这意味着，即使利用薄的N$^-$漂移层的特性使用SiC开发IGBT，其导通电压也绝对不会低于2.5V。与导通电压特性约为2V左右的600～1700V级别的硅IGBT相比，用SiC开发同样的IGBT将无法实现优于硅IGBT的低导通电压特性。这意味着SiC-IGBT只能在10V以上的导通电压等这种硅IGBT极难实现实用化的超高耐压区域（如耐压10kV以上）表现出优点。目前

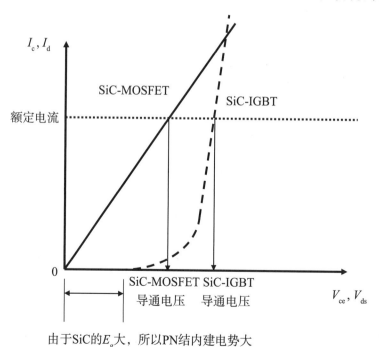

由于SiC的$E_g$大，所以PN结内建电势大

**图5.1　SiC-MOSFET和SiC-IGBT的电流–电压特性波形比较**

主要电力电子设备中使用的功率半导体器件的器件耐压主要在600V至6500V级别，显然SiC功率器件的开发将以单极器件为主，例如在电流导通路径中没有PN结的MOSFET和SBD。此外，单极工作能够以低开关损耗实现高频操作，因此有望实现电力电子设备的进一步小型化。从下一节开始，将讲解SiC二极管和SiC-MOSFET的具体结构和工作，此外，将在介绍电力电子设备的应用示例的同时说明其工作的特性。

## 5.4 SiC二极管

为了使SiC功率器件以比硅更低的损耗和更高的效率运行，设计能够发挥出SiC的优越材料特性及电气性能的器件并开发其制造工艺非常重要。与具有相同器件耐压的硅器件相比，SiC器件的卓越性能使其能够在更低的功耗和更高的温度下工作，从而使电力电子设备内的冷却系统更小、部件更少。

SiC-SBD具有整流特性，是单极器件，可以通过在半导体材料的表面沉积金属制成。与双极器件的PIN二极管相比，SBD的特点是，没有少数载流子注入，具有非常快的反向恢复特性。当对SiC-SBD施加反向电压时，SBD能保持所施加的反向电压而没有漏电流流动。相反，当施加正向电压时，有很大的正向电流流过SBD，导通电阻极小。因此，SiC-SBD表现出整流特性。如果SBD的肖特基势垒高度较高，虽然能够抑制漏电流并且使反向耐压提高，但电流导通时的导通电压变大。相反，如果肖特基势垒高度较低，则导通电压小，但漏电流大。即，反向特性中的漏电流与正向特性中的导通电压之间存在折中关系。因此，在设计和制作SBD时，重要的是要根据目的选择决定肖特基势垒高度的金属材料。SBD的肖特基势垒高度由半导体一侧的电子亲和能和金属一侧的功函数决定。特别是，当使用SiC制造SBD时，SiC中的电场强度高于硅，因此由所谓的镜像效应引起的肖特基势垒高度的降低变得比硅更明显[4]。这意味着SiC-SBD的漏电流随着反向电压的增加而急剧增加。例如，当N⁻漂移层浓度为$1.0 \times 10^{16} cm^{-3}$时，SiC-SBD中肖特基势垒高度的降低量约为硅的3倍[5]。也有研究表明，分析SiC-SBD中的漏电流时，不仅需要包含热电子发射模型，还需要包含热场致发射模型[6]。这是因为在SiC-SBD的情况下，N⁻漂移层的杂质浓度设计得高于硅，因此在施加反向偏压时耗尽层的扩散很窄，并且该区域的电场强度是硅的10倍（见图5.2）。换句话说，施加接近器件耐压的反向电压时，对于SiC，隧道电流成分在SiC-SBD反向漏电流中占主导地位。因此，使用热场致发射模型对SiC-SBD的漏电流进行解析可以很好地解释实际测量值。由此可知，降低SBD界面的电场强度对于减少SiC-SBD的反向漏电流非常有效，通过采用用于硅的JBS结构[7]，利用施加反向偏压时的耗尽层的夹断效应，可降低漏电流。

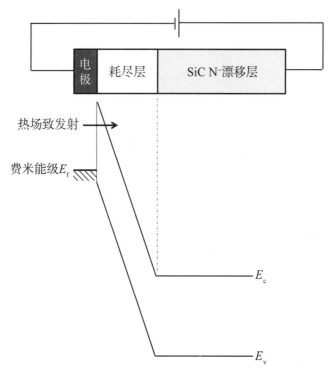

**图5.2**　施加反向偏置时SiC-SBD的能带图和热场致发射漏电流成分

SiC PIN二极管可以通过比硅PIN二极管更薄的N⁻漂移层来确保足够大的器件耐压。与硅PIN二极管相比，正向偏置时，在SiC PIN二极管中蓄积的少数载流子大幅减少，因此，反向恢复开关特性进一步改善。然而，由于SiC具有更大的能带隙$E_g$，因此之前所述PN结的内建电势增大，正向电流导通时的导通电压大幅增大。下式是正向电流在PIN二极管中导通时PN结间的电压降（$V_p+V_n$）[5]：

$$V_p+V_n=\frac{kT}{q}\ln\left[\frac{n(-w)n(+w)}{n_i^2}\right] \tag{5.1}$$

其中，$k$是玻尔兹曼常数，$q$是基本电荷，$T$是绝对温度，$n_i$是本征载流子密度。式（5.1）中的其他参数如图5.3所示。

由于$E_g$较大，4H-SiC在300K时的本征载流子密度$n_i$约为$7.0\times10^{-11}\mathrm{cm}^{-3}$，与硅的约$1.0\times10^{10}\mathrm{cm}^{-3}$相比极低。因此，假设N⁻漂移层的载流子密度$n(w)$和$n(-w)$为$1.0\times10^{17}\mathrm{m}^{-3}$，则SiC的PN结间的电压降$V_p+V_n$使用式（5.1）计算为3.24V，与硅的电压降0.82V相比，是一个非常大的值[5]。因此，SiC PIN二极管在导通状态下PN结之间的损耗是硅PIN二极管的4倍多。

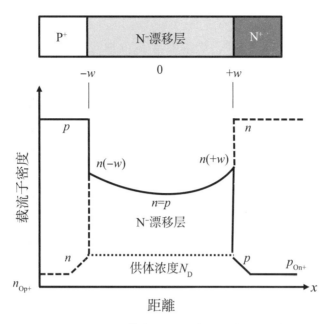

**图**5.3 PIN二极管高注入状态下的载流子分布

## 5.4.1 SiC-JBS二极管

SBD二极管、PIN二极管和JBS二极管的横截面示意图如图4.4所示。如前一章所述，JBS二极管结构是一种首先在硅中得到证明[7]的在N⁻漂移层中P⁺区和N⁻区形成PN结的肖特基二极管结构。上部电极层在P⁺区形成一个欧姆接触，在N⁻漂移层形成一个肖特基接触，因此，整个器件是由肖特基二极管和PIN二极管并联的组成结构。由于JBS二极管是单极工作，其开关损耗非常低，应当将相对于器件耐压的导通电压抑制在最小限度。电流导通过程中的导通损耗由肖特基接触的正向压降（内建电势）和N⁻漂移层的导通电阻组成。因此，最重要的设计参数是N⁻漂移层的杂质浓度及厚度、肖特基势垒的高度等肖特基接触特性、理想性系数，以及P⁺层之间的距离决定的N⁻漂移层电阻。SiC-JBS二极管通常是在(0001)面SiC晶圆上形成肖特基电极。肖特基电极下的N⁻漂移层被夹在P型半导体区域之间，可以消耗肖特基界面的N⁻漂移层，从而抑制漏电流。除此之外，当耗尽层厚度（从肖特基界面向N⁺半导体衬底扩散的耗尽层的宽度）增加时，漏电流进一步被抑制。在这种反向阻断模式中，P⁺/N⁻结被反向偏置，耗尽层扩散到夹在P⁺区的N⁻区（通道区）内并夹断。夹断后，形成一个限制肖特基接触的电场的势垒，而N⁻漂移层则保持反向施加电压的增加。P⁺层之间的距离需要被设计成在肖特基接触中的电场增加到因隧道电流而产生的过量漏电流之前就能实现耗尽层夹断。在SiC器件中，肖特基接触中的电场强度非常高，大约是硅器件的

10倍。因此，肖特基接触区的能带斜率非常大，结果导致势垒非常薄，漏电流可以用热场致发射模型表示[6, 8]。这意味着减少通过肖特基接触的漏电流的有效方法是降低肖特基势垒界面的场强，使势垒不会变得过于薄，因此可以看出JBS结构适用于SiC-SBD。

在正向电流导通模式下，电流在肖特基接触下的P$^+$层之间流过几个导电通道，导通电压由金属/半导体肖特基势垒高度和漂移层电阻决定。沟槽区域应被配置得距离足够远，以避免在施加电压为0或正向偏置条件下耗尽层接触。由于导通电压是SiC-JBS二极管的导通损耗，必须仔细设计N$^-$漂移层的厚度及其杂质浓度，以实现低导通电压，同时表现出与器件的额定电压相比稍高的器件耐压。JBS二极管的导通电压和电流密度之间的关系与一般的SBD二极管相同，但肖特基接触区的电流密度必须考虑到P$^+$层所占的面积。由图5.4所示的JBS二极管结构参数可知，通过肖特基接触区导通的电流密度为[4, 5, 9]

$$J_{F, JBS} = \frac{s+w}{s-2d} J_F \tag{5.2}$$

其中，$w$是P$^+$层的宽度，$s$是P$^+$层的间距，$d$是从P$^+$层扩散的耗尽层的宽度。使用基于热电子发射模型的肖特基势垒理论来表示JBS二极管的正向压降（导通电压），则

$$V_{F, JBS} = \frac{kT}{q} \ln\left(\frac{J_{F, JBS}}{A^{**} T^2}\right) + \varPhi_B + R_{grid} \times J_F + R_{drift, JBS} \times J_F \tag{5.3}$$

其中，$k$是玻尔兹曼常数，$q$是基本电荷，$T$是绝对温度，$J_F$是$V_{F, JBS}$的正向电流密度，$A^{**}$是理查森常数，$R_{grid}$是P$^+$层到P$^+$层以下的电流扩散区域的总电阻。从式（5.3）来看，需要优化的主要参数是控制着正向压降和反向漏电流之间的折中的漂移层的电阻、肖特基势垒高度$\phi_B$和P$^+$层的设计。

在这里，通过优化P$^+$层的宽度和间距使得在不增加导通电压的情况下减少漏电流成为可能。如果N$^-$漂移层足够厚，即所谓的非穿通式设计，则N$^-$漂移层的电阻可用下式表示：

$$R_{drift, npt} = \frac{4V_B^2}{\varepsilon \mu_n E_C^3} \tag{5.4}$$

换句话说，N$^-$漂移层的电阻与器件耐压$V_B$的平方成正比[4]。由于这个N$^-$漂移层电阻也占了SiC-JBS二极管的大部分导通电阻，因此优化N$^-$漂移层厚度和由式（5.5）决定的杂质浓度极为重要。

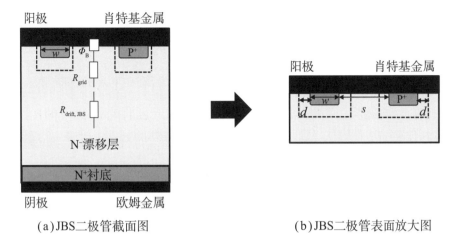

(a)JBS二极管截面图　　　　　　　　(b)JBS二极管表面放大图

**图5.4** JBS二极管截面及其表面放大图

$$R_{\mathrm{drift,\,npt}} = \frac{t_{\mathrm{epi}}}{q\mu_{\mathrm{n}}N_{\mathrm{d}}} \tag{5.5}$$

目前的SiC-SBD以穿通设计为主流，而不是非穿通设计。此处，如果导入N⁻漂移层的N⁺衬底一侧的电场强度与肖特基接触区的电场强度之比所定义的穿通因子z，并将式（5.4）进行修正，可得下式：

$$R_{\mathrm{drift,\,pt}} = \frac{4V_{\mathrm{B}}^2}{\varepsilon\mu_{\mathrm{n}}E_{\mathrm{C}}^3} \times \frac{1}{(1-z^2)(1+z)} \tag{5.6}$$

上式左边的$R_{\mathrm{drift,\,pt}}$在$z = 1/3$时得最小值，因此通过组合最佳的N⁻漂移层杂质掺杂和厚度，使N⁻漂移层的电阻比非穿通情况下减少约16%[9]。

## 5.4.2　SiC-JBS制备工艺

目前市场上销售的SiC-JBS二极管的表面P⁺层是以优化的P⁺层宽度和间距设计的，并以柱形或正方形/六边形晶格的几何形状排列。P⁺层的间距主要根据N⁻漂移层的浓度来优化。例如，对于1200V级的器件，这个间距通常设置为几微米。此外，许多SiC-JBS二极管采用穿通结构设计以实现低导通电压，1200V器件，N⁻漂移层厚度约为10～15μm，杂质浓度约为$5.0 \times 10^{15}\mathrm{cm}^{-3}$～$1.0 \times 10^{16}\mathrm{cm}^{-3}$[10]。SiC-JBS二极管的工艺设计与硅的工艺设计有很大不同，具体来说，对于SiC：需要在高温（300～500℃）下进行离子注入；通过这种离子注入掺入的N型离子（氮和磷）和P型离子（铝）的杂质扩散系数极低，这些N型和P型杂质几乎不能进行热扩散；为激活离子注入的杂质而进行的热处理需要1600～1800℃的高温等。

SiC-JBS二极管的制造工艺的代表性的例子概要如下：

（1）准备好在N$^+$衬底上具有N$^-$外延层的SiC晶圆。

（2）在N$^-$外延层上形成热氧化膜（SiO$_2$）作为离子注入的保护膜。

（3）在对氧化膜进行图案化后，将Al离子注入器件有源区内的P$^+$区和器件边缘区的P$^+$保护环。

（4）形成碳保护膜后在1600～1800℃的温度进行退火处理。

（5）在形成表面保护膜之后，用于背面电极的镍（Ni）作为欧姆金属层进行成膜并进行退火处理。

（6）为进行表面肖特基金属工艺，采用钛（Ti）或钼（Mo）在晶圆表面成膜。

（7）在晶圆上沉积一个相对较厚的铝层作为表面电极，形成一层聚酰亚胺等的钝化膜。

（8）将Ti/Ni/Au（或Ag）层沉积在晶圆的底部。

这里，工艺（5）的镍在1000℃以下退火后可以有效地与SiC反应，能够表现出良好的欧姆接触特性。然而，缺点是Ni/SiC界面随着大量的空隙而变得粗糙，并且大量的碳积累在镍表面[11]。欧姆接触工艺设计需要特别慎重，因为积聚在镍表面的碳在工艺（8）中，容易导致Ti/Ni/Au（或Ag）层的背面三层金属产生剥离等问题。

沟槽式JBS二极管的结构如图5.5所示[12]。施加反向偏压时，沿沟槽结构形

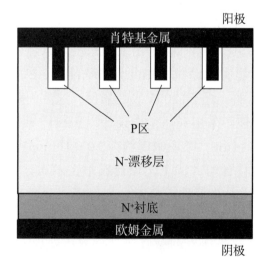

图5.5　JBS二极管的横截面

成的P区可有效降低肖特基接触界面的电场，这使得沟槽JBS二极管的表面电场强度能够降低约60%[5]。因此，这种沟槽式JBS二极管可以通过应用低肖特基势垒高度$\phi_b$的肖特基金属来实现较低的导通电压，同时保持其良好的反向阻断特性。具体来说，通过将肖特基势垒高度$\phi_b$从传统JBS二极管的1.31eV设置为沟槽JBS二极管的0.85eV，能够将反向电压施加时的漏电流抑制在较低状态的同时，将扩散电位降低到0.46V，比传统结构低0.45V。结果，导通电压也大大降低。这使得在施加反向电压时，漏电流和导通电压之间的折中特性得到显著改善。

### 5.4.3 SiC-JBS二极管外围耐压区

保护环结构作为功率器件的外围耐压区而闻名，一般常用于硅功率器件。图5.6显示了保护环的横截面，这种结构的优点是，外围耐压区可以与电流流动的有源区同时制造，而无需追加工艺步骤。外围耐压区的耐压依赖于从主结到第一保护环P层的间距以及每个保护环P层的间距。例如，如果图5.6所示的间距$W_1$过大，则主结边缘的电场高，耐压几乎与无外围耐压区的平面结相同。相反，如果这个间距太小，电场可能会集中在保护环P层的下一个外侧边缘，击穿电压可能会降低。因此，为了提高耐压，必须进行保护环P层的优化设计。根据参考文献[13]，在外围耐压区中具有一个保护环P层的结的耐压可以使用解析方法计算。根据该方法，以1200V SiC JBS二极管的器件设计为例，如果N⁻漂移层浓度为$1 \times 10^{16}\text{cm}^{-3}$，保护环P层结深为0.9μm，则可以计算出保护环距主结的最佳环间距为4.5μm。

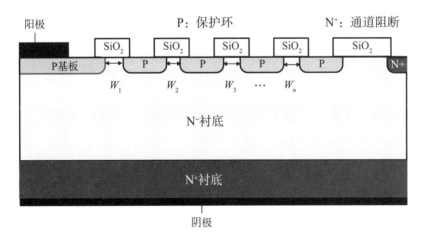

**图5.6** 保护环的横截面

但是现在，为了保证外围耐压区的更高的可靠性，在SiC-JBS器件中应用了多个保护环P层以及场板结构等。因此，为了更精确地设计保护环P层间距，通常的做法是使用二维器件模拟。例如，对于1200V级别的器件[14]，形成了五个保护环P层，另外N⁻漂移层被设计成具有约$1 \times 10^{16} cm^{-3}$的浓度，比相同耐压等级的硅器件高约100倍。与硅器件相比，SiC器件在施加反向电压时，耗尽层不会扩散。因此，上述$W_1$、$W_2$和$W_n$的间距必须设计为硅器件的大约十分之一。这意味着，在SiC-JBS二极管中设计一个具有大量保护环P层的结构时，与$W_1$、$W_2$到$W_n$的间距变化相对应的耐压特性的变化比硅器件要大。

另一个常用的外围耐压区是结终端扩展结构（JTE结构）。硅器件通过应用这种结构，耐压可以得到显著改善。图5.7显示了JTE结构的横截面。这种低浓度掺杂P型区通常是通过使用离子注入技术精确控制杂质浓度而形成的。如果这个P型区的杂质浓度太高，则会因曲率半径小，在比主结低的反向电压作用下，会在边缘处发生电击穿。相反，如果P型区的杂质浓度太低，则会因低反向偏置电压而完全耗尽，结果，电击穿发生在主结处，其耐压几乎与没有JTE结构的耐压相同。

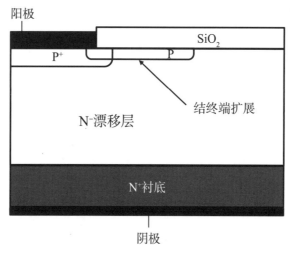

图5.7　JTE结构剖面图

上述P型区域的最佳电荷$Q$由以下式表示[4]：

$$Q = \varepsilon_s \times E_c \tag{5.7}$$

对于4H-SiC，临界击穿电场$E_c$约为$3.0 \times 10^6 V/cm$，因此JTE结构中P层最佳掺杂量约为$1.6 \times 10^{13} cm^{-2}$，这大约是用于硅器件的10倍。与保护环结构相同，JTE结构中P层杂质浓度的优化可以通过器件模拟实现。例如，参考文献［15］中记载的例子，一个40～50μm宽度的无P层间隔的双区JTE结构适用于SiC器件。JTE结构的耐压特性对低杂质浓度P型区的杂质浓度非常敏感，但该区的总参杂量可以通过离子注入工艺精确控制，可以认为这对耐压特性的变化影响不大。

## 5.4.4　SiC-JBS二极管的破坏耐量

### 1. 正向浪涌承受能力

当较高的阳极电压作为正向电压施加在JBS二极管上时，空穴从JBS二极管的P$^+$区注入，开始双极工作。此时，同时存在着通过肖特基接触导通的电流，所以反向恢复电流可以比PIN二极管低。当以这种模式工作时，JBS二极管被称为混合PIN肖特基二极管（MPS二极管）[16]。由于4H-SiC的带隙能很宽，因此在室温下PN结的内建电势很大，约为2.5V左右。SiC-MPS二极管的正向压降超过2.5V，与硅二极管相比非常高。所以，在600~3300V耐压等级的器件应用中，适合作为JBS二极管而不是MPS二极管使用。然而，与通常工作不同，在电力电子设备中偶尔会出现类似大电流（浪涌电流）流过二极管的异常动作模式，例如电机再生动作时的浪涌电流等。如果这种大的浪涌电流流经没有集成PN结的纯SiC-SBD，会导致阳极和阴极之间的正向压降非常大（SBD是单极器件，具有很高的器件电阻），超过10V。结果，器件中的大量功率损失，可能会造成器件故障。然而，SiC-JBS二极管的情况下，当施加2.5V以上的正向电压时，SiC-JBS二极管作为MPS二极管工作，具有双极性，电阻立即下降，SiC-JBS二极管的正向压降下降到几V，与前面讲述的SBD相比非常小。与SiC-SBD相比，功率损耗要低得多，而且JBS二极管可以承受大浪涌电流。根据参考文献[17]，SiC-MPS二极管正向导通时的允许浪涌电流承受能力比纯SBD高2~3倍，IFSM值（浪涌非重复正向电流，正弦半波，10ms）约为额定电流的8~9倍，正向浪涌承受能力的额定值$J^2t$可以提高约5倍。

### 2. 雪崩耐量

在实际的电力电子设备中，SiC二极管需要具有较高的破坏耐量。在SiC-JBS二极管的设计中，需要通过降低肖特基界面的电场来改善反向漏电流和导通电压之间的折中，优化P$^+$区和肖特基区的面积比，优化P$^+$层结构（确保上述浪涌电流承受能力）。然而，在JBS二极管结构中，施加反向电压时的最大电场总是出现在P$^+$区的底部。这里重要的一点是外围耐压区的耐压设计应该总是高于有源区的耐压。换句话说，要使雪崩击穿总是发生在有源区内P$^+$区的底部。这样，雪崩击穿产生的空穴通过P$^+$被扫出到阳极电极，而电子则通过N$^-$漂移层和N$^+$衬底被扫出到阴极电极。基于这种设计理念而设计的SiC-JBS二极管的原型结果已经发表[18~20]。例如，在参考文献［18］中，在1200V SiC-JBS二极管中，通过设计使最大电场始终在有源区的P+区产生，这样可以表现出5000mJ/cm²（@25℃）以上的极高的雪崩耐量。据报道，该特性比硅PIN二极管大一个数量级以上。另外在这一测定中，可以确认出SiC-JBS器件的破坏点在有源区内。在参考文献［19］中，通过实验和模拟分析了具有两种不同P层浓度的JTE结构的SiC-JBS二极管的耐受能力。有报告指出，对于具有优化设计的JTE结构部分和最大耐压的器件，雪崩耐量足够大，而对于JTE结构部分耐压较低的器件，雪崩击穿点位于JTE结构的P+/P−部分，并且雪崩耐量仍然很低。

## 5.4.5　硅IGBT和SiC-JBS二极管的混合模块

如前所述，SiC-JBS二极管能够实现非常高的破坏耐量，因此通过将其用作FWD并与最新的硅IGBT相结合，就可以作为新型混合IGBT模块进行新产品开发。SiC-JBS二极管的反向恢复损耗低且温度依赖性极小，有报道称，与带有硅PIN二极管的IGBT模块相比，高温下的导通和反向恢复损失分别减少了51%和77%[15]。即使安装了SiC-JBS二极管，对IGMP模块的导通损耗和关断损耗也几乎没有影响，因此，与传统的IGBT相比，使用混合型IGBT的电机驱动逆变器系统的损耗可以降低约35%（@直流母线电压$V_{bus}$ = 600V，载波频率$f_c$ = 20kHz）。这意味着SiC-JBS二极管的极低反向恢复损耗可有效降低IGBT导通期间的损耗，从而大幅提高逆变器效率。这一结果还意味着可以创建一个结合了SiC-MOSFET和SiC-JBS二极管的Full-SiC-MOSFET模块，这将带来更大的效率提升。

## 5.4.6　SiC-PIN二极管的正向劣化

当4H-SiC PIN二极管正向偏置，并且有双极电流通过PIN二极管时，正向压降会随着时间的推移而逐渐增加，这种现象被称为SiC-PIN二极管的正向电压劣化（$V_f$劣化），对SiC器件的长期可靠性是一个主要问题，如图5.8所示。2001年，P.Bergman等人报告了SiC-PIN二极管双极动作导致的正向电压劣化与SiC衬底的基平面位错（based plane dislocation，BPD）产生的积层缺陷（SF）扩大之间的相关性[21]。这种正向劣化的机制被解释为如下[22]：

（1）在注入少数载流子和随后发生的电子−空穴复合后，肖克利堆垛层错（SSF）成核及其扩散，发生在存在着BPD的位置或者成为N−漂移层的被复制到N−外延层中的其他转移的基平面上。

（2）扩大的SSF显著降低了少数载流子的寿命，并为电子和空穴载流子的导通提供了很大的屏障，导致导通电阻增加。

（3）导致PIN二极管的正向压降增加。

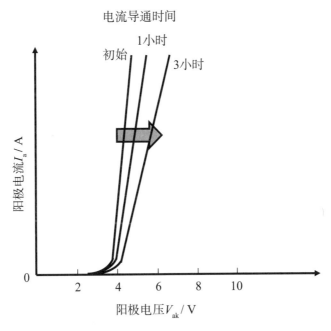

**图5.8**  SiC-PIN二极管正向劣化图

这种SSF扩大的机制被认为是4H-SiC材料所特有的。因此，完全去除上述成核点对于开发SiC-PIN二极管至关重要。为了防止在N⁻外延层中复制的BPD引起的SSF扩大，需要在外延层中将BPD转换为贯穿刃位错（threading edge dislocation，TED）。也有报道称，在略微富含碳的生长条件下，促进了从BPD向TED的转化[23]。据报道，在外延生长之前进行适当的氢刻蚀也是有效的，并且外延层中的BPD密度倾向于随着外延生长速率的增加而降低。通过这些措施，N⁻外延层的BPD密度被抑制到0.1cm⁻²以下。

此外，从SiC-PIN二极管设计的角度，发表了抑制这种正向劣化的结构[24]。据此，通过在N⁺衬底和N⁻漂移层之间插入少数载流子寿命短的氮（N）和硼（B）掺杂的N缓冲层（复合促进层），证明了可以有效抑制SSF的扩张和正向劣化。

如图5.9所示，插入复合促进层，从P阳极注入的空穴通过在N缓冲层中的复合而被消除，这样就无法到达存在许多BPD的N⁺衬底。创建和评估具有约$2\mu m$厚度的N缓冲层（N⁺B）的PIN二极管时，该区域的寿命为30ns（@250℃），氮浓度为$4.0 \times 10^{18}cm^{-3}$，硼浓度为$7.0 \times 10^{17}cm^{-3}$。并且即使16个PIN二极管正向通过$600A/cm^2$的电流，也几乎没有确认到正向劣化，没有看到SSF的扩大。

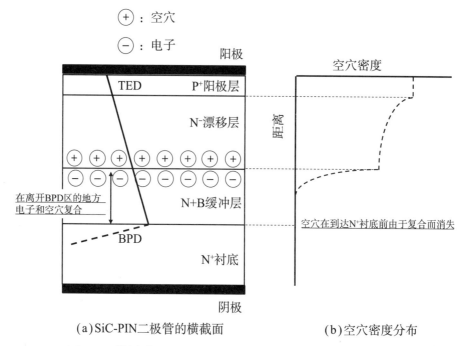

（a）SiC-PIN二极管的横截面　　　　（b）空穴密度分布

**图5.9**　带缓冲层（N+B）的正向导通时的空穴密度分布

SiC-PIN二极管的正向劣化是以PIN二极管为代表的SiC双极器件开发中最重要的课题。为了解决这个问题，不仅要在N⁻外延生长过程中提高BPD到TED的转换率和消除器件工艺中的BPD成核，而且要优化复合促进层，这将是未来SiC双极器件实用化的一个关键点。

# 5.5 SiC-MOSFET

最初的垂直SiC-MOSFET具有沟槽栅极结构[25]。沟槽MOSFET结构能够实现高通道密度并且没有JFET电阻，这样可以使低耐压硅MOSFET的特性得到大幅改善。这对SiC-MOSFET也很有吸引力。当时的SiC沟槽MOSFET通过外延膜生长形成P基极层和N⁺源极层，不需要高温杂质离子注入和随后的高温热处理。然而，SiC沟槽MOSFET具有硅所没有的独特弱点，即在沟槽栅极底部附近的栅极氧化膜的破坏。在正向高电压施加到漏极时的正向阻断状态下，SiC的P基极/N⁻漂移层结受到接近SiC的击穿场强$E_c$的高电场作用，几乎是硅的10倍。此时，沟槽栅极底部的氧化膜的电场$E_{ox}$是SiC的电场强度$E_s$乘以硅氧化膜SiO₂与SiC的介电常数比，即

$$E_{ox} = \frac{\varepsilon_s}{\varepsilon_{ox}} E_s \tag{5.8}$$

假设SiC半导体一侧的场强$E_s$接近击穿场强$E_c$，为$E_s = 3.0\text{MV/cm}$，那么$SiO_2$的场强为7.5MV/cm，这就产生了$SiO_2$破坏的风险，再加上沟槽式栅极结构的几何学构造的影响，一个极其巨大的电场被施加到栅极氧化膜上。作为一种避免这种氧化膜击穿的结构，SiC平面MOSFET已经发布。

随着技术的发展，600~1700V级别，甚至最近的3300V级别，具有几十安培以上的电流导通能力的大面积、量产级别的垂直型器件引人注目。另外这些器件的耐压高于硅功率MOSFET，与硅IGBT几乎处于同一水平，如图5.10所示。

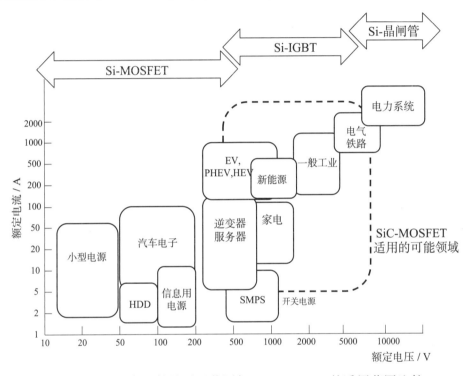

图5.10 硅功率器件的适用范围与SiC-MOSFET的适用范围比较

这是因为它们具有一些特点：SiC的击穿场强$E_c$比硅高大约一个数量级，因此可以设计为约1/10厚度和10倍杂质浓度的$N^-$漂移层，所以能够制作高耐压的低电阻器件。此外，由于SiC-MOSFET是单极器件，与硅IGBT相比，开关损耗可以大大降低，并且由于正向电流的导通路径中没有PN结，因此其电流-电压特性中没有内建电势，可以更有效实现低导通电阻特性。因此，搭载在xEV上的动力控制单元（PCU）等电力电子设备有望进一步小型化。如图5.11所示，SiC-MOSFET的基本单元结构是类似于硅的平面栅极结构和沟槽栅极结构。看起来SiC-MOSFET的结构与硅功率MOSFET的结构几乎相同，但从SiC材料的物理特性考虑，器件的制作工艺在许多方面与硅不同，而且在器件结构中也有一些SiC-

MOSFET特有的注意点。此外，SiC-MOSFET仍存在一些特有的课题，如SiC/SiO$_2$的界面迁移率降低和内置PN二极管的长期可靠性难以保证等。

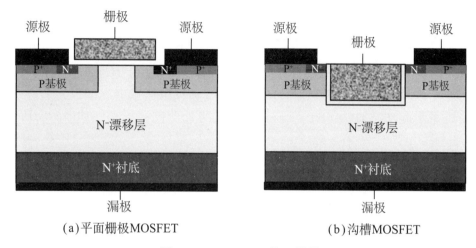

(a)平面栅极MOSFET　　　　　　　　　(b)沟槽MOSFET

图5.11　MOSFET截面结构

最近，栅极氧化工艺技术、降低表面粗糙度技术和可靠性评估技术等的进步极大提高了SiC-MOSFET的长期可靠性，从而使SiC-MOSFET也在xEV和电气化铁路等方面实现了应用。为了在未来实现更低的损耗和更高的可靠性，预计会与硅功率MOSFET和IGBT一样，将从平面栅极结构转向沟槽栅极结构，以实现更精细的单元结构。

第2章中讲述的硅MOSFET的内容可以直接应用于SiC-MOSFET中的耐压特性和导通电阻等静态特性及开关特性等动态特性。本章将以SiC-MOSFET独有的工艺技术和设计技术为中心进行讲述。

## 5.5.1　SiC-MOSFET制造工艺

SiC-MOSFET的单元结构与前面讲述的硅MOSFET的结构几乎相同。然而，与上一节所述SiC-JBS二极管一样，在离子注入条件和杂质退火期间所需的1600~1800℃的高温方面，工艺设计与硅MOSFET有很大不同。因此，自对准工艺、以栅极多晶硅电极为掩模的P基极层和N$^+$源极层的离子注入，以及随后的热扩散过程，这些在硅MOSFET中形成精细MOS通道部分的关键工艺不适用于SiC-MOSFET。这是因为如上所述，SiC-MOSFE的P基极层和N$^+$源极层的离子注入后的热处理过程是在1600~1800℃的高温下进行的，而这种高温热处理不能在栅极氧化膜形成和栅极多晶硅电极形成之后进行。此外，通常用于硅器件的使用光刻胶的光致工艺，也不能原封不动地应用于SiC，这是因为SiC的离子注入需要300~500℃的高温条件，而普通的光刻胶在这样的高温条件下会受到极大破坏，无法发挥其作为抗蚀剂的作用。因此，SiC功率器件中的离子注入虽然耗费时间，但是每次都会沉积氧化硅薄膜（$SiO_2$）进行图案化。最近，有报道称开发了一种可在高温（约300℃）下使用的SiC功率半导体器件的光刻胶，简化SiC功率半导体器件特有工艺的技术也取得了进展[27]。

图5.12是SiC平面MOSFET器件制造工艺示例。

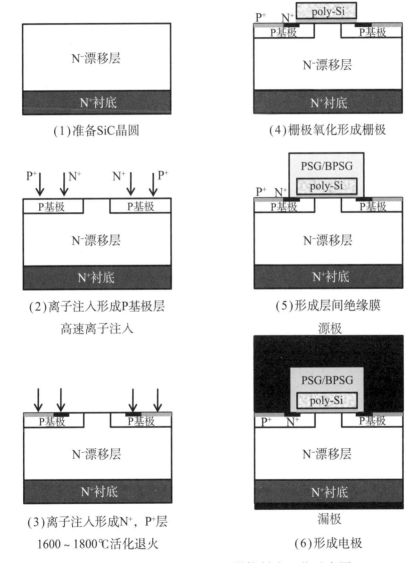

（1）准备SiC晶圆

（2）离子注入形成P基极层
高速离子注入

（3）离子注入形成$N^+$，$P^+$层
1600～1800℃活化退火

（4）栅极氧化形成栅极

（5）形成层间绝缘膜

（6）形成电极

**图5.12**　SiC平面MOSFET器件制造工艺示意图

具体工艺步骤如下：

（1）准备在$N^+$衬底上形成了$N^-$外延层的SiC晶圆。

（2）在$N^-$外延层上形成热氧化膜（$SiO_2$）作为离子注入的保护膜。

（3）在对氧化膜进行图案化后，注入Al离子，以便在器件有源区形成P基极层，在器件终端区形成$P^+$保护环。

（4）同样，注入P离子或N离子，形成$N^+$源极层。

（5）注入Al离子形成$P^+$接触层。

（6）形成Carbon Cap膜后，在1600～1800℃进行退火处理。

（7）形成栅极氧化膜，厚度通常为50～100nm，通过热氧化或化学气相沉积（CVD）法成膜后，进行热处理。

（8）使用CVD方法形成掺杂有杂质的多结晶硅膜作为栅极，厚度约为500～800nm，之后进行热处理。

（9）干法刻蚀栅极多晶硅层。

（10）在其上面沉积一层绝缘膜作为层间绝缘膜，硅酸磷玻璃（PSG）/硼硅酸磷玻璃（BPSG）膜的厚度通常为800nm～1μm。

（11）对上述层间绝缘膜进行干法刻蚀，形成源极用的接触孔。

（12）为了与源极和漏极形成欧姆接触，沉积一层Ni薄膜，并在1000℃左右进行热处理。

（13）在器件表面形成厚膜Al电极，并在其上形成保护膜（聚酰亚胺等）。

（14）在晶圆底部形成Ti/Ni/Au（或Ag）层。

SiC-MOSFET和硅MOSFET一样，其特点是能够通过精确的离子注入方式在非常宽的浓度范围内形成N型和P型杂质层。然而，其工艺过程与硅不同，因为不能够对离子注入的杂质的热扩散抱以期望，另外在离子注入后需要1600～1800℃的高温来使杂质活化。还应注意的是，在步骤（3）～（5）中对P基极层、$N^+$源极层等的离子注入以及随后1600～1800℃的高温退火处理可能会使SiC表面变粗糙，导致MOS通道的流动性降低。作为防止出现这种情况的方法，开发出了在SiC表面沉积Carbon Cap膜，并在高温下进行热处理，以防止表面粗糙的方法，现在包括SiC-JBS二极管在内已被应用于产业界。除此之外，SiC的另一个特点是，在高剂量离子注入的情况下，除非离子注入是在300～500℃左右的相对高温条件下进行，否则晶体缺陷不会通过后续的热处理得到恢复。因此，必须认识到，SiC-MOSFET制造工艺有许多地方无法像硅MOSFET工艺那样进行横向扩展。

如图5.12所示，SiC-MOSFET的P基极层和N⁺源极层的形成必须在栅极氧化膜的形成和随后的栅极多晶硅的形成之前进行。这意味着2.2节中描述的硅MOSFET的自对准工艺在这里无法适用。这里的自对准工艺如2.2节所述，栅极多晶硅电极的左端或右端分别注入作为N⁺源极层的N型杂质离子和形成P基极层的P型杂质离子，随后进行热处理，利用杂质离子的扩散系数差异来形成沟道。这种技术的优点是能够稳定地形成沟道，它决定了MOSFET的导通电阻和栅极阈值电压等重要特性。然而，SiC-MOSFET需要1600～1800℃的高温来激活离子注入的杂质，如果将这种方法原封不动地应用于SiC-MOSFET，栅极氧化膜会暴露在这些高温下，氧化膜的性能会明显劣化。因此，在SiC-MOSFET的情况下，通过高温退火形成P基极层和N⁺源极层，然后形成栅极氧化膜和栅极多晶硅层。因此，不能应用诸如硅MOSFET的自对准工艺。必须容忍P基极层、N⁺源极层和栅极多晶硅之间的尺寸误差，例如，在MOS部分实现较短的沟道长度方面，仍然存在一些困难。

### 5.5.2 源极-漏极间的耐压设计

关于2.2.6节中描述的硅MOSFET的源极-漏极间的耐压特性，可以考虑用SiC-MOSFET的特性代替。图5.13显示了在SiC-MOSFE的漏极（正向阻断状态）上施加高电压时的电场分布和耗尽层扩散的示意图。SiC-MOSFET的漏极–

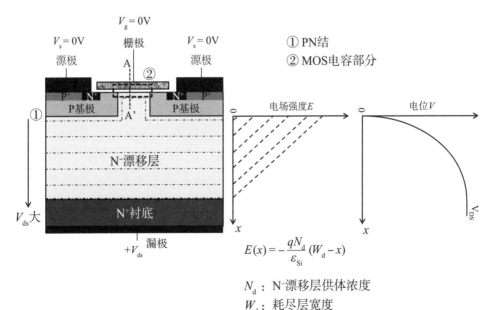

$$E(x) = -\frac{qN_d}{\varepsilon_{Si}}(W_d - x)$$

$N_d$：N⁻漂移层供体浓度
$W_d$：耗尽层宽度
$\varepsilon_{Si}$：硅的介电常数

图5.13 SiC平面MOSFET耗尽层的扩散和正向阻断状态下的PN结电场分布

源极间的耐压特性与硅相同，由 P 基极层和 N$^-$漂移层形成的 PN 结的反向偏压特性或栅极和 N$^-$漂移层组成的 MOS 电容耐压决定。

图 5.14 显示了 MOS 电容部分的电场分布。该图显示的是正向阻断状态下图 5.13 的 A-A'线上的电场分布。可以看出，对漏极施加大的电压，也会对栅极氧化膜施加一个电场。其最大电场强度的值是通过将 SiC 的最大电场强度 $E_c$ 乘以硅和 SiO$_2$ 的介电常数比来确定的，如果根据高斯定律将 SiC 的最大电场强度作为其击穿场强（$3.0 \times 10^6$V/cm），则最大电场强度大约为 $7.5 \times 10^6$V/cm，这约是 2.2.6 节所述的硅 MOSFET 的 8 倍，而且非常接近 SiO$_2$ 的击穿场强（约 $1.0 \times 10^7$V/cm）。因此，就 SiC-MOSFET 而言，即使是平面 MOSFET，也必须注意防止 MOS 电容部分的氧化膜击穿，氧化膜中的场强有必要保持在 4MV/cm（$4.0 \times 10^6$V/cm）以下[5]。

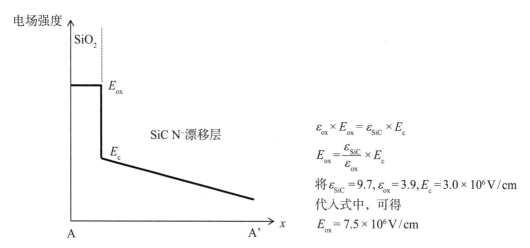

图5.14　SiC-MOSFET MOS 电容部分的电场分布（5.13A-A'线上）

此外，在 SiC 中，必须十分注意 P 基极层杂质浓度和厚度的设定。这一点在 2.2.6 节中也讨论过，其中提到当对漏极施加高电压时，耗尽层在 N$^-$漂移层中会扩散，但在比 N$^-$漂移层浓度更高的 P$^-$基极层中耗尽层也会扩散。如果 P 基极层杂质浓度低或厚度不够，扩散到 P 基极层的耗尽层就会到达 N$^+$源极层，即所谓的穿通状态，电子就会从 N$^+$源极层流到耗尽层，导致器件耐压下降。扩散到 P 基极层的耗尽层宽度 $W_p$ 为：

$$W_p = \frac{\varepsilon_{SiC} E_j}{q N_A} \tag{5.9}$$

其中，$N_A$ 是 P 基极层中的杂质浓度，$q$ 是基本电荷（$q = 1.6 \times 10^{-19}$C），$\varepsilon_{SiC}$ 是 SiC 的介电常数。

不引起耗尽层穿通的最小P基极层厚度是上式中的电场强度$E_j$达到SiC的最大电场强度$E_c$时的值，可以用下式表示：

$$t_p = \frac{\varepsilon_{SiC}E_c}{qN_A} \qquad (5.10)$$

最大电场强度约为$3.0 \times 10^6$V/cm，约为硅的10倍，因此最小P基极层厚度需要比硅厚。结果，很难缩短MOSFET的沟道长度，从而降低了通过小型化实现低导通电阻的设计自由度。

### 5.5.3 平面MOSFET单元设计

下面以2007年发布的平面MOSFET[28]为例来讲解SiC平面MOSFET的单元设计。图5.15显示了器件的横截面结构。该表面为硅平面（(0001)平面），在该平面形成MOS沟道。这种结构的特点是，通过将P基极层之间的距离，即JFET的间距缩小到$1.0\mu m$，使正向阻断状态下对栅极氧化膜的最大电场强度保持在4MV/cm以下，从而提高可靠性，并且通过在P基极层下设置N型电流扩散层以及将沟道长度缩短到$0.5\mu m$，减少导通电阻。

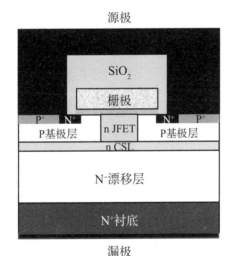

**图5.15** SiC平面MOSFET器件的横截面示例[28]

结果，一个耐压为1050V、特征导通电阻$R_{onsp}$为$6.95m\Omega cm^2$，在当时具有非常好的特性的MOSFET原型被成功制造出来。1050V的耐压特性是由PN结的雪崩击穿决定的。这种MOSFET具有所谓的柱形单元结构，但是与硅MOSFET一样，为了获得更大的总沟道宽度，SiC平面MOSFET也出现了四边形和六边形单元，以实现更低的导通电阻[29]。例如，900V耐压器件，特征导通电阻$R_{onsp}$

为2.3mΩcm²；15kV的超高耐压器件，特征导通电阻$R_{onsp}$为208mΩcm²。这些良好的性能不仅是通过提高N⁺衬底和N⁻外延层的质量实现的，也是通过优化以单元设计为代表的器件设计和改进其制造工艺实现的。平面MOSFET结构的另一个例子是IE-MOSFET（注入和外延MOSFET），它结合了外延和离子注入方法来形成P基极层和N⁺源极层（见图5.16）[20, 30]。这一器件的特点是采用外延方法形成杂质浓度相对较低的P基极层，并在其下方设置高浓度P⁺层，以降低形成MOSFET反型层的P层表面的杂质浓度，并通过最小化表面粗糙度来提高沟道迁移率，实现低导通电阻。通过将其与六边形单元相结合，在600V耐压的设备上实现了1.8mΩcm²的特征导通电阻$R_{onsp}$。这样，通过充分发挥SiC的材料特性，不断开发出了显示出良好特性的SiC平面MOSFET。

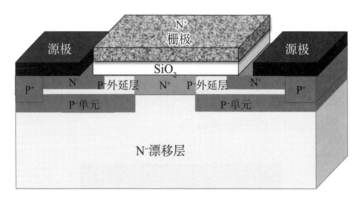

**图5.16** IE-MOSFET表面结构图

## 5.5.4 SiC沟槽MOSFET

沟槽MOSFET的特点是在SiC层中嵌入一个长而薄的栅极，这使得单元格的间距能够比平面MOSFET更精细，从而使总沟道宽度更长。此外，与平面MOSFET不同，沟槽MOSFET与平面MOSFET相比，由于电子导通路径中没有与P基极层相向的区域，不存在JFET电阻的特征，因此可以充分降低其导通电阻。这无论对硅还是SiCk都是一个不变的常规特征。不过，使用SiC实现沟槽MOSFET需要针对SiC器件进行特定设计。如上所述，SiC沟槽栅极底部的氧化膜，结合其形状，有可能受到接近SiO₂击穿场强的电场作用，这种高电场有极大的可能导致栅极氧化膜破坏。因此，在SiC沟槽MOSFET中，有必要通过在沟槽栅极的底部和比沟槽栅极更深的地方增加一个P层来保护栅极氧化膜免受高电场的影响，如图5.17和5.18所示，而这在硅MOSFET器件中是绝对不需要的。通过应用这种结构，能够减小施加在栅极氧化膜上的电场，从而成功实现了SiC沟槽MOSFET[12, 31]。这是SiC沟槽MOSFET独有的设计技术。再者，由于沟槽MOSFET的MOS沟道与平面MOSFET不同，为(1120)面（a面）或(1100)面（m面），其MOS沟道迁移率比平面MOSFET大，也有报道称栅极阈值也趋于更高[32~34]。因此，可以预期能够实现更低的导通电阻。

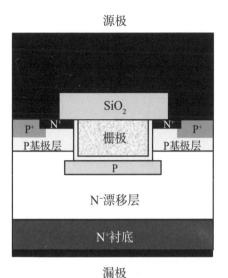

源极

SiO₂

栅极

P⁺　N⁺　　N⁺　P⁺
P基极层　　　　　P基极层

P

N⁻漂移层

N⁺衬底

漏极

图5.17　SiC沟槽MOSFET截面结构（P层设置于沟槽底部）

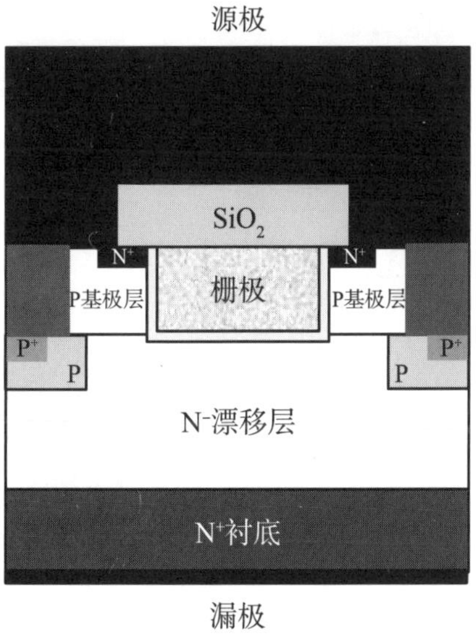

源极

SiO₂

栅极

N⁺　　N⁺
P基极层　　　　P基极层

P⁺　　　　P⁺
P　　　　P

N⁻漂移层

N⁺衬底

漏极

图5.18　SiC沟槽MOSFET截面结构（设置更深的P层）

## 5.5.5　SiC沟槽MOSFET制作工艺

图5.19显示了SiC沟槽MOSFET制作工艺的概要，其工艺步骤如下：

（1）准备好在N⁺衬底上形成N⁻外延层的SiC晶圆。

（2）在N⁻外延层上形成热氧化膜（SiO₂）作为离子注入的保护膜。

（3）在氧化膜图案化之后，注入Al离子，以便在器件有源区形成P基极层，在器件终端区形成P⁺保护环。

（4）同样，注入P离子或N离子，形成N⁺源极层。

（5）注入Al离子形成P⁺接触层。

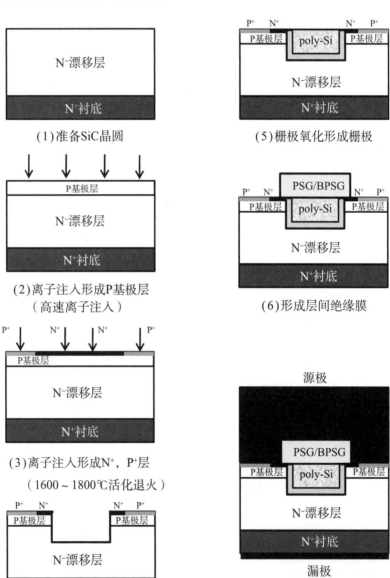

(1)准备SiC晶圆

(2)离子注入形成P基极层
（高速离子注入）

(3)离子注入形成N⁺，P⁺层
（1600～1800℃活化退火）

(4)沟槽蚀刻

(5)栅极氧化形成栅极

(6)形成层间绝缘膜

(7)形成电极

图5.19　制作SiC沟槽MOSFET的工艺示意图

（6）形成Carbon Cap膜后在1600～1800℃进行退火处理。

（7）在形成掩模氧化膜、图案和刻蚀后，干法刻蚀SiC以形成沟槽。

（8）形成栅极氧化膜，厚度通常为50～100nm，通过热氧化或化学气相沉积（CVD）法成膜后，进行热处理。

（9）使用CVD法将掺杂有杂质的多晶硅膜作为栅极嵌入沟槽中成膜，之后进行热处理。

（10）干法刻蚀栅极多晶硅层。

（11）在其上面沉积一层绝缘膜作为层间绝缘膜，磷硅酸盐玻璃（PSG）/硼磷硅酸盐玻璃（BPSG）膜的厚度通常为800nm～1μm。

（12）对上述层间绝缘膜进行干法刻蚀，形成源极用的接触孔。

（13）为了与源极和漏极形成欧姆接触，沉积一层Ni薄膜，并在1000℃左右进行热处理。

（14）在器件表面形成厚膜Al电极，并在其上形成保护膜（聚酰亚胺等）。

（15）使Ti/Ni/Au（或Ag）层在晶圆底部成膜。

## 5.5.6 SiC-MOSFET的破坏耐量解析

如图5.10所示，SiC-MOSFET在适用电压和电流范围方面与硅IGBT相似，因此预期的应用也相似。这意味着SiC-MOSFET也需要具备xEV电机驱动控制应用中硅IGBT所需的破坏耐量水平。也就是说如3.7节所述，要求具有达到实用水平的破坏耐量。为此，最近发表了多篇关于详细分析负载短路时的破坏耐量的论文，这是一种同时施加高电压和大电流并持续较长时间（几微秒）的模式[33, 35～37]。图5.20显示了SiC-MOSFET负载短路时的典型电压–电流波形。这是800V的直流输入电压施加到耐压为1200V的SiC-MOSFET时的实测波形，测量电路与图3.16所示的IGBT评估相同。可以看出，图5.20中显示的波形与硅IGBT负载短路评估时的波形几乎相同（见图3.16）。另外其破坏机制也可以通过3.7节中讲述的内容来解释。特别是，SiC-MOSFET的设计通常比硅IGBT的芯片尺寸更小，而且其极低的导通电阻意味着在负载短路时流经器件的单位面积电流（电流密度）往往比硅IGBT的大。因此，负载短路期间的击穿往往是由于能量破坏造成的。

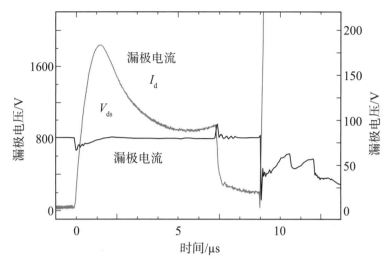

**图5.20**　1200V级SiC沟槽MOSFET负载雪崩耐量测量波形
（@$V_g$ = +20V/–4V，25℃）（筑波大学动力工程实验室测量）

负载短路时SiC-MOSFET中的电场强度较高，施加接近于击穿场强（约$3.0 \times 10^6$V/cm）的电场。这意味着，与硅IGBT相比，SiC-MOSFET在负载短路耐量评估时的器件中产生的能量密度极高，从而经常导致上述的能量击穿。图5.20所示的漏极电流波形显示，电流流过大约5μs后漏极电流逐渐增加，然后在栅极关断几微秒后，漏极电流激增并击穿。这意味着，由于上述较高的能量密度，器件中的温度增加到1700K或更高，这对于宽带隙半导体的SiC来说造成空穴密度增加，增加的空穴通过$N^+$源极层附近的P基极层流向源极，从而导通寄生NPN晶体管。可以解释为，这种寄生的NPN晶体管操作进一步提高了温度，上述操作进入正反馈，最终导致器件的击穿[36]。这种击穿模式与报道的硅IGBT[38]的机制相似，但SiC的特点是能隙为3.26eV，大约是硅的三倍，这使它能够承受硅无法承受的1700K的高温。SiC-MOSFET不只是由SiC制成，而且还有表面铝电极和栅极氧化膜等，因此在负载短路工作期间，其他SiC部件以外的部分也自然会暴露在非常高的温度条件下。具体来说，由于栅极氧化膜也处于接近1700K的高温条件下，在负载短路期间，栅极和源极之间有很大的漏电流通过栅极氧化膜流动，随之可以观测到栅极和源极之间的破坏等[35, 37]。此外，由于MOSFET通道部分也处于同样的高温条件下，栅极阈值电压明显下降而导致常开状态，结果，即使输入$V_{ge}$ = –4V作为关断MOSFET的栅极信号，来自通道的电子电流也不能完全关断，最终导致破坏，诸如这类问题均有报道[35]。这些破坏模式在硅IGBT中很少被报道，可以说是宽带隙半导体的SiC-MOSFET独有的现象。

因此，SiC-MOSFET的破坏耐量解析也是以负载短路耐量解析为中心而发展的，例如，明确了SiC-MOSFET不同电压和电流应用条件下的破坏机制等，提高破坏耐量的SiC-MOSFET设计技术也取得了重大进展。

## 5.6 最新SiC–MOSFET技术

### 5.6.1 SiC超级结MOSFET

目前超级结（SJ）结构也在积极应用于SiC-MOSFET中，这种结构可以显著降低500～700V耐压等级的高压硅MOSFET的导通电阻，并有成熟的产品记录。在SiC N$^+$衬底上，使用多次外延生长法和百万电子伏特（MeV）级超高加速离子注入技术创建了2.5μm宽、5.5μm高的N/P柱区，并对其击穿电压特性和导通电阻进行了评估[39]。结果，成功实现了1545V的耐压和1.06mΩcm$^2$的特征导通电阻，几乎与SiC的击穿电压–特征导通电阻的理论线相同。结果表明，SJ结构可以应用于SiC，能够保持高的器件耐压的同时，降低其导通电阻。这些结果促进了具有SJ结构的SiC-MOSFET的设计和原型制作[40, 41]。如式（2.43）所示，除了通过使N/P柱区变细和设计成高浓度来降低该区域的导通电阻外，还通过使表面栅极结构成为V型沟槽和其晶体平面成为（0338）平面来降低MOS通道部分的电阻，从而实现了在器件耐压1170V时0.63mΩcm$^2$的超低导通电阻（器件尺寸：0.25mm□）。器件的横截面结构如图5.21所示。在耐压为6.5kV的超高压MOSFET当中，采用SJ结构的器件的原型机也有报道[42]，未来在SiC中的SJ-MOSFET的进展十分值得期待。

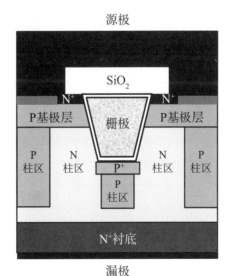

图5.21 SiC V型槽沟槽SJ-MOSFET的横截面结构[42]

## 5.6.2　新型MOSFET

在降低导通电阻方面取得的进展，不仅在SJ结构中，在表面栅极沟槽结构中也是十分显著。图5.22显示了2017年和2018年公布的新结构器件的横截面图[43, 44]。这种结构的特点是，很深的P[+]层是与沟槽栅极结构正交而不是平行形成的。这使得这个深P[+]层的间距可以独立于沟槽MOSFET单元的间距进行设计。在电流导通时，电子电流流经MOS通道，穿过与沟槽栅极正交的深P[+]间距，到达N[-]漂移层，并流到漏极。根据2018年发布的信息[44]，在器件耐压超过1800V时，获得了特征导通电阻$R_{\mathrm{onsp}} = 2.04\mathrm{m\Omega cm}^2$（$V_{\mathrm{gs}} = 20\mathrm{V}$，$J = 300\mathrm{A/cm}^2$，R.T）的良好特性。此外，通过使P[+]层与沟槽栅极结构正交，能够减少栅极到漏极的电容$C_{\mathrm{gd}}$，从而大大减少了导通和关断的损耗。

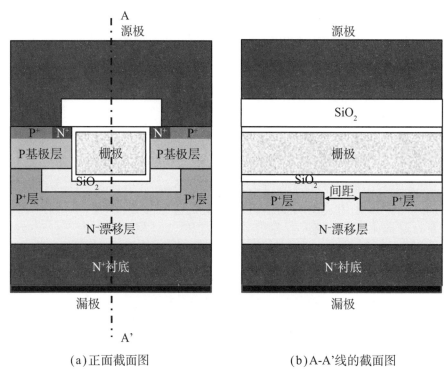

(a)正面截面图　　　　　　　(b)A-A'线的截面图

**图5.22**　新型SiC沟槽MOSFET截面结构 [44]

SiC-MOSFET的进化并不局限于上述的低导通电阻化，近年来公布了许多新的MOSFET结构，例如，在单芯片上内置SBD的MOSFET[45~48]。这种内置SBD的MOSFET利用新的内置SBD作为FWD，取代了原本设置在MOSFET结构中的PIN二极管，旨在实现"一举三得"：减少反向恢复损失，通过防止寄生PIN二极管的Vf劣化来提高可靠性，并通过减少逆变器电路中的半导体器件数量来降低成本。

在6.5kV耐压器件原型结果中[46]，表面栅极结构为平面栅极结构，器件耐压为7.6kV，特征导通电阻为37mΩcm²（$V_{gs}=20V$，R.T），表现出良好的特性，可以说对于外围耐压区比较长的6.5kV的高压器件来说，充分发挥出了内置SBD的效果。此外，也有在沟槽MOSFET中内置SBD的1.2kV器件的试制结果的报道[48]。器件截面结构图如图5.23所示。据报道，除了特征导通电阻为3.1mΩcm²（$V_{gs}=20V$，R.T）的极低导通电阻特性外，内置SBD的反向恢复电荷$Q_{Rr}$也由于是单极操作因而非常小。此外，从这种动态评估的结果中，加上低$C_{gd}$特性，还报道了非常低的导通和关断损耗，以及其负载短路耐量和详细的破坏机制[49, 50]。

这样，以低损耗实现更高可靠性特性为目标的SiC-MOSFET的开发预计在未来更加活跃，在解决上述课题的同时，不仅是下一代汽车，而且还有望扩大到需要更高的耐压器件的新型高速铁路等应用之中。

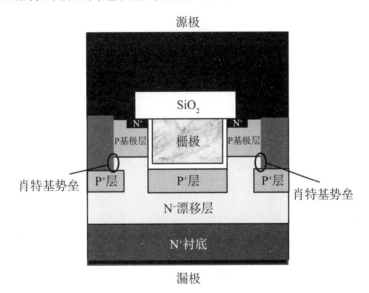

图5.23　内置SBD的SiC沟槽MOSFET结构示例[48]

## 5.7　SiC器件贴装技术

图5.24是为SiC-MOSFET而开发的模块的横截面结构示例[51]。这一新型模块中值得注意的技术包括：铜针布线，将Si3N4陶瓷基板与厚铜板粘合，以及环氧树脂作为密封材料。特别是作为密封材料的环氧树脂与SiC器件直接接触，而SiC器件的温度会上升到200℃以上，因此确保高温工作时的高可靠性极为重要。在传统的硅IGBT模块中，芯片和各个端子之间的布线是通过键合线和DCB

（双铜焊）板上的铜图案进行的。但是，在新型模块结构中，没有使用键合线，而是使用位于芯片顶部的电源板布线代替了铜针和DCB板的铜图案布线，用于芯片与各个端子之间的布线。这样成功地将引线键合面积和铜图案面积减少了50%以上，实现了小型化。这种模块的小型化也对实现高速开关特性产生了很大的影响。与前面讲述的硅IGBT相比，SiC-MOSFET具有高速开关的能力。但是，伴随着这种高速开关特性，可能会因高$dI_d/dt$特性导致浪涌电压增加或产生噪声。因此，需要减少模块内部的布线电感，以确保安全地作为SiC-MOSFET模块使用。

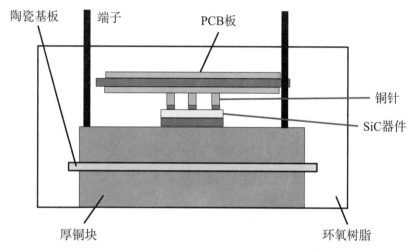

**图5.24**　All SiC-MOSFET模块横截面[51]

通过上述技术实现模块的小型化，减少了因模块中的电流路径缩短而引起的布线电感，从而在实现高速开关特性方面取得了很大的效果。由于电源板和厚铜板平行排列，通过电流路径间磁场的相互作用，可以进一步降低电感，与传统类型相比降低约80%。此外，通过应用具有高导热性的氮化硅（$Si_3N_4$）作为DCB板，并在该DCB板的两侧使用厚铜块，能够使芯片产生的热量快速横向扩散。这样实际上相当于大大增加了散热面积，从而降低热阻。

关于作为硅IGBT模块可靠性指标的功率循环测试，众所周知，由于热循环引起的热应力，键合线和芯片-DCB板的焊接层会产生损坏，其寿命受到限制。因此，SiC-MOSFET用的封装通过用铜针结构取代传统的电源线键合，消除了键合触点的薄弱点。此外，通过使用环氧树脂封装来代替传统的凝胶封装，可以对整个铜针-芯片-DCB板进行强有力的限制。这可以缓解施加在焊接层上的热应力，在$\triangle T_j = 150℃$时，可将功率循环寿命提高约10倍。此外，通过将与SiC器件直接接触的环氧树脂的玻璃化转变温度设置为200℃以上，可以实现更高的可靠性。因此，为了充分挖掘快速开关特性和能够高温下工作等SiC-MOSFET的潜力，模块封装技术取得了显著的进展。例如，用于混合动力汽车PCU（电源控制单元）的模块，有报道称，采用双面冷却方式，进一步提高半导体器件的冷却效率的模块，以及应用了使并联连接的半导体器件的工作均一化的布线技术的模块等[52]，预计未来SiC-MOSFET模块贴装技术将继续发展。

# 参考文献

［1］ B. J. Baliga. Power semiconductor device figure of merit for high-frequency applications. IEEE Electron Device Letters, 1989, 10(10): 455-458.

［2］ 山本秀和. 第3章次世代パワー半導体の課題. 次世代パワー半導体の高性能化とその産業展開. シーエムシー出版, 2015年.

［3］ 西野曜子 他. 高速SiCレーザスライシングの加工品質評価. 第77回応用物理学会秋季学術講演会15a-C302-10, 2016.

［4］ B. J. Baliga. Fundamentals of Power Semiconductor Devices. Springer, New York, 2008.

［5］ B. J. Baliga. Wide bandgap Semiconductor Power Devices. Elsevier. Duxford, 2018.

［6］ T. Hatakeyama, T. Shinohe. Reverse characteristics of a 4H-SiC Schottky barrier diode. Materials Science Forum, 2002, 1169-1172.

［7］ B. J. Baliga. The pinch rectifier: A low-forward-drop high-speed power diode. IEEE Electron Device Letters, 1984, 5(6): 194-196.

［8］ T. Kimoto. Material science and device physics in SiC technology for highvoltage power devices. Japanese Journal of Applied Physics, 2015, 54(4): 040103 1-27.

［9］ F. Dahlquist, H. Lendenmann, M. Östling. A high performance JBS rectifier-Design consideratioN⁻. Material Science Forum, 2001, 683-686.

［10］ X. Jordá, D. Tournier, J. Rebolla, J. Millán, P. Godignon. Temperature impact on high-current 1.2 kV SiC Schottky rectifiers. Materials Science Forum, 2005, 929-932.

［11］ H. Linchao, S. Huajun, L. Kean. W. Yiyu, T. Yidan, B. Yun, X. Hengyu, W. Yudong, L. Xinyu. Improved adhesion and interface ohmic contact on N⁻type 4H-SiC substrate by using Ni/Ti/Ni. Journal of Semiconductors, 2014, 35(7): 072003 1-4.

［12］ T. Nakamura, Y. Nakano, M. Aketa, R. Nakamura, S. Mitani, H. Sakairi, Y. Yokotsuji. High performance SiC trench devices with ultra-low Ron. IEEE IEDM Tech. Dig, 2011, 599-601.

［13］ B. J. Baliga. Silicon Carbide Power Device. World Scientific, 2005.

［14］ V. Veliadis, M. McCoy, T. McNutt, H. Hearne, L-S. Chen, G. deSalvo, C. Clarke, B. Geil, D. Katsis, S. Scozzie. Fabrication of a robust highperformance floating guard ring edge termination for power Silicon Carbide Vertical Junction Field Effect Transistors. CS MANTECH 2007, Conference, 217-220.

［15］ C-F Huang, H-C Hsu, K-W Chu, L-H Lee, M-J Tsai, K-Y Lee, F Zhao. Counter-doped JTE, an edge termination for HV SiC devices with increased tolerance to the surface charge. IEEE Trans. Electron Devices, 2015, 62(2): 354-358.

［16］ B. J. Baliga. Analysis of a High-Voltage Merged P⁻i-N Schottky (MPS) Rectifier. IEEE Electron Device Letters, 1987, 8(9): 407-409.

［17］ R. Rupp, M. Treu, S. Voss, F. Björk, T. Reimann. 2nd generation SiC Schottky diode: a new benchmark in SiC device ruggedness. Proc. Int. Symp. Power Semiconductors and ICs, 2006, 269-272.

［18］ T. Tsuji, A. Kinoshita, N. Iwamuro, K. Fukuda, T. Tezuka, T. Tsuyuki, H. Kimura. Experimental demonstration of 1200V SiC-SBDs with low forward voltage drop at high temperature. Material Science Forum, 2012, 917-920.

［19］ R. Rupp, R. Gerlach, A. Kabakow, R. Schorner, Ch. Hecht, R. Elpelt, M. Draghici. Avalanche Behavior and its temperature dependence of commercial SiC MPS diode: influence of design and voltage class. Proc. Int. Symp. Power Semiconductors and ICs, 2014, 67-70.

［20］ S. Harada, Y. Hoshi, Y. Harada, T. Tsuji, A. Kinoshita, M. Okamoto, Y. Makifuchi, Y. Kawada, K. Imamura, M. Gotoh, T. Tawara, S. Nakamata, T. Sakai, F. Imai, N. Ohse, M. Ryo, A. Tanaka, K. Tezuka, T. Tsuyuki, S. Shimizu, N. Iwamuro, Y. Sakai, H. Kimura, K. Fukuda, H. Okumura. High performance SiC IEMOSFET/SBD module. Material Science Forum, 2012, 1053-1058.

[21] J. P. Bergman, H. Lendenmann, P. A. Nilsson, U. Lindefelt, P. Skytt. Crystal defects as source of anomalous forward voltage increase of 4H-SiC diodes. Material Science Forum, 2001, 299-302.

[22] T. Kimoto, J. A. Cooper. Fundamentals of silicon carbide technology: growth, characterization, devices, and applications. Singapore: Wiley, 2014.

[23] T. Kimoto, A. Iijima, H. Tsuchida, T. Tawara, A. Otsuki, T. Kato, Y. Yonezawa. Understanding and reduction of degradation phenomena in SiC power devices. IEEE Reliability Physics Symposium, 2017, 2A-1.1-1.7.

[24] T. Tawara, T. Miyazawa, M. Ryo, M. Miyazato, T. Fujimoto, K. Takenaka, S. Matsunaga, M. Miyajima, A. Otsuki, Y. Yonezawa, T. Kato, H. Okumura, T. Kimoto, H. Tsuchida. Suppression of the Forward Degradation in 4H-SiC PiN Diodes by Employing a RecombinatioN⁻Enhanced Buffer Layer. Materials Science Forum, 897: 419-422.

[25] J. W. Palmour, J. A. Edmond, H. S. Kong, C. H. Carter, Jr. Vertical power devices in silicon carbide. Proc. Silicon Carbide and Related Materials, 1994, 499.

[26] J. N. Shenoy, J. A. Cooper, M. R. Melloch. High voltage double-implanted power MOSFETs in 6H-SiC. IEEE Electron Device letters, 1997, 18(3): 93-95.

[27] T. Fujiwara, Y. Tanigaki, Y. Furukawa, K. Tonari, A. Otsuki, T. Imai, N. Oose, M. Utsumi, M. Ryo, M. Gotoh, S. Nakamata, T. Sakai, Y. Sakai, M. Miyajima, H. Kimura, K. Fukuda, H. Okumura. Low cost ion implantation process with high heat resistant photoresist in silicon carbide device fabrication. Material Science Forum, 2014, 677-680.

[28] A. Saha, J. A. Cooper. 1-kV 4H-SiC power DMOSFET optimized for low oN⁻resistance. IEEE Trans. Electron Devices, 2007, 54(10): 2786-2791.

[29] J. W. Palmour, L. Cheng, V. Pala, E. V. Brunt, D. J. Lichtenwalner, G-Y Wang, J. Richmond, M. O′Loughlin, S. Ryu, S. T. Allen, A. A. Burk, C. Scozzie. Silicon Carbide Power MOSFETs: Breakthrough Performance from 900V up to 15kV. Proc. Int. Symp. Power Semiconductors and ICs, 2014, 79-82.

[30] S. Harada, M. Kato, K. Suzuki, M. Okamoto, T. Yatsuo, K. Fukuda, K. Arai. 1.8 mΩ cm², 10A Power MOSFET in 4H-SiC. IEEE IEDM Tech. Dig, 2006, 1-4.

[31] R. Tanaka, Y. Kagawa, N. Fujiwara, K. Sugawara, Y. Fukui, N. Miura, M. Imaizumi, S. Yamakawa. Impact of grounding the bottom oxide protection layer on the short-circuit ruggedness of 4H-SiC trench MOSFETs. Proc. Int. Symp. Power Semiconductors and ICs, 2014, 75-78.

[32] H. Yano, T. Hirao, T. Kimoto, H. Matsunami, K. Asano, Y. Sugawara. High channel mobility in inversion layers of 4H-SiC MOSFETs by utilizing (1120) face. IEEE Electron Device Lett, 1999, 20(12): 611-613.

[33] J. Senzaki, K. Kojima, S. Harada, R. Kosugi, S. Suzuki, T. Suzuki, K. Fukuda. Excellent effects of hydrogen postoxidation annealing on inversion channel mobility of 4H-SiC MOSFET fabricated on(1120) face. IEEE Electron Device Lett, 2002, 23(1): 13-15.

[34] Y. Nanen, M. Kato, J. Suda, T. Kimoto. Effects of nitridation on 4H-SiC MOSFETs fabricated on various crystal faces. IEEE Trans. Electron Devices, 2013, 60(3): 1260-1262.

[35] J. An, M. Namai, H. Yano, N. Iwamuro, Y. Kobayashi, S. Harada. Methodology for enhanced short-circuit capability of SiC MOSFETs. Proceedings of the International Symposium on Power Semiconductor Devices and ICs, 2018, 391-394.

[36] M. Namai, J. An, H. Yano, N. Iwamuro. Investigation of short-circuit failure mechanisms of SiC MOSFETs by varying DC bus voltage. Japanese Journal of Applied Physics, 2018, 57: 0741021.1-10.

[37] X. Jiang, J. Wang, J. Lu, J. Chen, X. Yang, Z. Li, C. Tu, Z. S. Shen. Failure mode and mechanism analysis of SiC MOSFET under short-circuit condition. Microelectronics Reliability, 2018, 593-597.

[38] M. Otsuki, Y. Onozawa, H. Kanemaru, Y. Seki, T. Matsumoto. A study on the short-circuit capability of field-stop IGBTs. IEEE Trans. Electron Devices, 2003, 50(6): 1525-1531.

[39] R. Kosugi, Y. Sakuma, K. Kojima, S. Itoh, A. Nagata, T. Yatsuo, Y. Tanaka, H. Okumura. First experimental demonstration of SiC super-junction (SJ) structure by multi-epitaxial growth method. Proc. Int. Symp. Power Semiconductors and ICs, 2014, 346-349.

[40] T. Masuda, R. Kosugi, T. Hiyoshi. 0.97 mΩ cm²/820 V 4H-SiC super junction V-groove trench MOSFET. Mater. Sci. Forum, 2017, 897: 483-488.

[ 41 ] T. Masuda, Y. Saito, T. Kumazawa, T. Hatayama, S. Harada. 0.63 m$\Omega$ cm$^2$/1170 V 4H-SiC super junction V-groove trench MOSFET. IEEE IEDM Tech. Dig, 2018, 177-180.

[ 42 ] R. Kosugi, S. Ji, K. Mochizuki, K. Adachi, S. Segawa, Y. Kawada, Y. Yonezawa, H. Okumura. Breaking the Theoretical Limit of 6.5kV-Class 4H-SiC Super-Junction (SJ) MOSFETs by Trench-Filling Epitaxial Growth. Proc. Int. Symp. Power Semiconductors and ICs, 2019, 39-42.

[ 43 ] A. Ichimura, Y. Ebihara, S. Mitani, M. Noborio, Y. Takeuchi, S. Mizuno, T. Yamamoto, K. Tsuruta. 4H-SiC Trench MOSFET with Ultra-Low ON-Resistance by using Miniaturization Technology. Material Science Forum, 2018, 924: 707-710.

[ 44 ] Y. Ebihara, A. Ichimura, A. Mitani, M. Noborio, Y. Takeuchi, S. Mizuno, T. Yamamoto, K. Tsuruta. DeeP-P Encapsulated 4H-SiC Trench MOSFETs With Ultra Low RonQgd. Proc. Int. Symp. Power Semiconductors and ICs, 2018, 44-48.

[ 45 ] W. Sung, B. J. Baliga. Monothithically Integrated 4H-SiC MOSFET and JBS Diode (JBSFET) Using a Single Ohmic/Schottky Process Scheme. IEEE Electron Devices Lett, 2016, 37(12): 1605-1608.

[ 46 ] S. Hino, H. Hatta, K. Sadadamatsu, Y. Nagahisa, S. Yamamoto, T. Iwamatsu, Y. Yamamoto, M. Imaizumi, S. Nakata, S. Yamakawa. Demonstration of SiC-MOSFET Embedding Schottky Barrier Diode for Inactivation of Parasitic Body Diode. Mater. Sci. Forum, 2017, 897: 477-482.

[ 47 ] F. J. Hsu, C. T. Yen, C. C. Hung, H. T. Hung, C. Y. Lee, L. S. Lee, Y. F. Huang, T. Z. Chen, P. J. Chuang. High efficiency high reliability SiC MOSFET with monolithically integrated Schottky rectifier. Proc. Int. Symp. Power Semiconductors and ICs, 2017, 45-48.

[ 48 ] Y. Kobayashi, N. Ohse, T. Morimoto, M. Kato, T. Kojima, M. Miyazato, M. Takei, H. Kimura, S. Harada. Body pin diode inactivation with low oN-resistance achieved by 1.2 kV-class 4H-SiC SWITCH-MOS. IEEE IEDM Tech. Dig, 2017, 211-214.

[ 49 ] R. Aiba, M. Okawa, T. Kanamori, Y. Kobayashi, S. Harada, H. Yano, N. Iwamuro. Experimental demonstration on superior switching characteristics of 1.2kV SiC SWITCH-MOS. Proc. Int. Symp. Power Semiconductors and ICs, 2019, 23-26.

[ 50 ] M. Okawa, R. Aiba, T. Kanamori, Y. Kobayashi, S. Harada, H. Yano, N. Iwamuro. First demonstration of short-circuit capability for a 1.2kV SiC SWITCH-MOS. IEEE Journal of the Electron Devices Society, 2019, 7: 613-620, 2019.

[ 51 ] 仲村秀世, 西澤龍男, 梨子田典弘. All-SiC モジュールのパッケージ技術. 富士電機技報, 2015, 88(4): 241-244.

[ 52 ] 株式会社日立製作所ホームページ. http: //www. hitachi. co. jp/rd/news/2015/0928. html.